WERNER WETEKAMP

WENN WIR DER CHEF DER WELT WÄREN
IF WE WERE THE RULERS OF THE WORLD

Wenn wir der Chef der Welt wären

DEN BLICK SCHÄRFEN, ANALYSIEREN, PLANEN UND PLÄNE UMSETZEN

WERNER WETEKAMP

If we were the rulers of the world

SHARPEN THE FOCUS, ANALYSE, PLAN AND MAKE PLANS HAPPEN

INHALT | CONTENTS

Hinweise zur Handhabung | Instructions for use

Sie werden eine deutsche Version (Seite 9) und
eine englische Version (Seite 79) in diesem Buch finden.
You will find a German version (page 9) and
an English version (page 79) in this book.

MEINE MOTIVATION: ich glaube wir schauen zu sehr auf uns Menschen. Wir müssen unsere Kraft (wirtschaftliche, politische und geistige) nutzen, um die Welt zu erhalten. Bitte helfen Sie mit – sprechen Sie in den Schulen darüber – in den Universitäten – in unseren Familien und mit den Anführern in den politischen Parteien – der eigentlichen Zielgruppe meiner Überlegungen (siehe Kapitel 1.2). Eigentlich bräuchten wir nur ein Expertenteam von Beratern zu beauftragen (siehe Kapitel 1.2 und 3) …

MY MOTIVATION: I believe we care too much about us as human being. We must use our power (economic, political and mental) to preserve the earth. Please help by speaking in schools about it – in universities – in our families and to the leaders in the political parties – the actual target group of my considerations (see chapter 1.2). In fact we only need an expert team of consultants (see chapter 1.2 and 3.) …

Prof. Dr. Werner Wetekamp
Selm, 2017

1 | EINLEITUNG

1.1 | WENN WIR DER CHEF DER WELT WÄREN …

… WAS WÜRDEN WIR DANN ALLES TUN KÖNNEN? Die Welt genießen, retten, befrieden … Aber sind wir denn nicht die Chefs? Haben wir nicht die Macht übernommen über Land und Wasser, Tier und Mensch? Natürlich! Ja!

Ich behaupte, das Thema, dem sich hier gewidmet wird, ist das wichtigste Thema überhaupt. Es geht um das Größte, was wir Menschen beeinflussen können: die Welt und deren Schutz und Rettung. Die Welt ist weit bedeutsamer als wir als Einzelpersonen, als eine Tierart, ein Land, ein wissenschaftliches Thema, eine Erfindung, eine Biographie, eine schöne Geschichte. Dieses Thema ist deshalb das Bedeutsamste, weil es um die Rettung des einzigen Planeten geht, den wir haben: die Welt. Wir müssen uns damit beschäftigen, wie und wer sie retten kann, damit auch Generationen nach uns noch eine lebenswerte Erde bewohnen können.

Die aktuelle Welt ist aufgeteilt unter den Menschen; die Rohstoffe, die Flächen, der Rechtsraum; selbst diejenigen, die sich die Rolle der ›Gegenspieler‹ auf die Fahne geschrieben haben in diesem Reigen von Weltbeherrschern, sind wieder Menschen, die sich dann engagieren für Umweltschutz oder Artenvielfalt. Die Tiere als mögliche Mitbewerber um die Macht auf der Erde haben wir lange schon bezwungen.

Wer könnte uns diese Führungsrolle streitig machen? Kaum einer würde in Frage stellen, dass weder eine Gottheit noch ein außerirdisches Wesen, so es solche gäbe, in unserer Welt den Einfluss haben kann, den der Mensch aktuell hat. Ganz egal, wohin man schaut: immer ist deutlich der Einfluss des Menschen zu erkennen. Zweifellos: Der Mensch beherrscht die Welt, und dies mehr oder weniger umfassend.

Die Motivation, darüber zu schreiben, liegt genau in diesem Punkt: Wir müssen verstehen, dass wir die Welt in unseren Händen halten – und daher in unserem Handeln die alleinige und also unermesslich große Verantwortung über die Welt wahrzunehmen haben – und aufhören müssen, sie auszubeuten. Was also wäre oder ist zu tun? Wie immer, wenn es Probleme zu lösen gilt, bedeutet dies: den Blick schärfen, analysieren, planen und Pläne umsetzen.

Es existieren bereits viele solcher Pläne, die Politik dis-

kutiert sie, andere starten Initiativen vielfältiger Art. Aber
es kann dabei nicht um Feigenblattmaßnahmen gehen oder
um welche, die teilweise oder regional begrenzt sind.

In Deutschland spielt das Energiesparen bereits eine
große Rolle, sei es im Privathaushalt bei der Wahl des
Leuchtmittels, sei es im Straßenverkehr. Natürlich ist es
gut, mit Energie sparsam umzugehen, doch sind die Effekte
solcher Maßnahmen kaum spürbar – das Wohlgefühl der
Energiesparer jedoch exorbitant. Auch die Politik erreicht
zum Ende jeder Legislaturperiode immer ihre Energiespar-
ziele.

Faktisch bedeutet dies: Die Forderung nach richtigen,
umfassend effektiven Maßnahmen bleibt aus, ebenso wie
also deren Umsetzung – der Energievorrat hält dadurch
nur minimal länger, und in z.B. 504 Jahren statt in z.B. 500
Jahren sind die Energievorräte auf null abgeschmolzen wie
auch die Pole. Energiesparen ist sicher eine lobenswerte
Idee, doch führt sie leider zum Gegenteil des Gewünschten.
Das Energiesparen verhindert schlichtweg eine wirkliche,
effektive und nachhaltige Energiewende.

Ein Student an der FH Dortmund hat in seiner Thesis
über solche Zusammenhänge geschrieben und stellt fest,
dass das Interesse, etwas zu tun, vorhanden ist, und auch
tatsächliche Schritte erfolgen. Aber es sind nur minimale,
die vor allem beruhigen und echte Betroffenheit oder ein
weiteres Nachdenken über die fraglichen Sachverhalte verhindern. Dieser Student zieht die Theorie der kognitiven
Dissonanz von Leon Festinger heran, um zu erklären, dass

bei gleichzeitiger Wahrnehmung des Problems als solchem das Bestreben doch in Richtung Selbstberuhigung geht. Man hat nach dieser Theorie verschiedene Richtungen / Wünsche / Verhaltensweisen / Probleme / Entscheidungen (sog. Kognitionen) in sich und versucht, eine Lösung zu finden für das konkrete Handeln. Diese Beziehungen zwischen Alternativen können Dissonanzen sein oder Konsonanzen. Konsonanzen sind positiv sich bedingende Kognitionen (z.B. ich will an die frische Luft und muss sowieso einkaufen). Dissonanzen sind negativ sich beeinflussende Kognitionen. Chips essen (lecker) oder lieber nicht (dick werden)? Die Dissonanz ist umso höher, je bedeutsamer die Kognitionen sind.

Man kann beobachten, dass der Mensch versucht, in solchen Abwägungen eine Balance zu gewinnen, etwa durch den Verweis auf den reichen Nährstoffgehalt beim Bier (positive Kognition wird addiert), oder darauf, dass der Verzicht auf Bier ggf. zu weniger Freunden führt (Subtraktion dissonanter Kognitionen) oder dass auf Bierkonsum ja nicht unmittelbar eine Gewichtszunahme folgt, sondern dass man so vor allem den Regenwald schützt, wie es in der Werbung heisst (Substitution von dissonanten durch konsonante Kognitionen).

Diese Theorie angewandt auf das Energiesparen bedeutet, dass die Haltung des Menschen in etwa so vorstellbar ist: »Einerseits brauche ich Energie (Heizung, Auto, Strom …), aber ich zerstöre dadurch andererseits die Umwelt. Wenn ich nun ein Auto brauche und besitze, es sich aber an der Ampel automatisch abstellt, dann bin ich trotz allem ein guter Bürger und Energiesparer. Wenn ich dann noch Energiesparlampen verwende, habe ich alles Erforderliche getan, vor allem, wenn ich sehe, dass Deutschland sehr viel regenerative Energie produziert. Hier ist alles sauber. Das wird durch Politik und Wirtschaft auch unterstützt.« In einem Satz zusammengefasst: Das Energiesparen ist sehr hinderlich für eine Energiewende. Es wirkt als positive Kognition und lässt uns Jahr für Jahr weiter CO_2 ausstoßen. Die Energiewende ist nur ein Beispiel für die Probleme der Welt. In Kapitel 2.2 werden insgesamt 15 davon vorgestellt.

DAS INTERESSE VON DIKTATOREN richtet sich auf ihr eigenes Wohlergehen und ihre Macht und Machterhalt. Ein Blick für die Bedeutsamkeit der Beschäftigung mit globalen Problemen ist von ihnen nicht zu erwarten.

WISSENSCHAFTLER arbeiten bereits seit langem an Konzepten für Nachhaltigkeit, Artenschutz, Energiesparen, Prognosen des Bevölkerungswachstums oder Gezeitenkraftwerke. Das wesentliche Problem ist jedoch, dass die einzelnen Ideen noch nicht die Wende eingeleitet haben. Wissenschaftler wären mit ihren Erkenntnissen und Konzepten dann gefragt, wenn die zu erreichenden Ziele gesetzt wurden – z.B. in 20 Jahren auf fossile Brennstoffe zu verzichten. Es gibt noch kein wissenschaftliches bzw. umgesetztes Konzept, wie wir die Welt vor der Zerstörung durch ihre Bewohner bewahren können. Es ist meine Überzeugung, dass die Lösung eher in Themengebieten der Vertragsgestaltung, der Organisation, des Projektmanagements und des Change Managements gesucht werden muss. Aus meiner Sicht sind dies Bereiche, die in der Betriebswirtschaftslehre angesiedelt sind. Wir müssen wie bei einer Unternehmenssanierung an das Projekt Erhalt der Erde herangehen. Natürlich soll dies nicht geschehen, ohne zum Beispiel Politikwissenschaftler, Juristen, Psychologen und alle, die hier ihren ganz eigenen Beitrag zu leisten vermögen, mit einzubinden. Ich versuche hier den meinen als Unternehmenssanierer und Kaufmann zu leisten.

WAHLBERECHTIGTE BÜRGER eines Landes sind in den demokratischen Staaten die Basis der Macht. Es wäre also nötig, alle jene davon zu überzeugen, dass Nachhaltigkeit notwendig für das Überleben der Erde ist – damit sie dann die »richtigen« Parteien wählen, und schon könnte das Projekt in eine gute Richtung starten. Leider funktioniert dies nicht, da offensichtlich der Großteil der Wähler diese Weitsicht nicht hat. In einigen Staaten geht es ums reine Überleben. Wer soll diesen Wählern einen Vorwurf machen, wenn die hehren Ziele der Weltrettung keine große Rolle spielen?

Aber auch in hochentwickelten Demokratien ohne Not ist ein Großteil der Bevölkerung politikimmun, ein anderer Großteil interessiert sich nur für seine eigenen Belange. Diejenigen, die sich dem Thema Schutz der Erde z.B. in unserem Land verschrieben haben, die Grünen, werden eher von Randgruppen gewählt und sind nach den anfänglichen Revolten und neuen Wegen nun eher angepasst, koalitionsfähig, mit Schlips und Kragen. Das ist kein Vorwurf an die Partei, sondern an deren Wähler, die eine nach meinem Dafürhalten gute Richtung nicht honorieren und diese Partei von der Bildfläche verschwinden lassen, wenn sie sich nicht anpasst. Kurz und gut: Die Demokratie mit ihren Wählern scheint nicht geeignet für den Umbruch in der Welt, auch wenn die Demokratie ansonsten das einzig gute Konzept zur Führung eines Staates ist. Der Erde scheint es in dieser Hinsicht nicht zu helfen, dass die Demokratien zahlreicher werden.

DIE REGIERUNGSCHEFS der Welt sind mächtig und stark. Tatsächlich sehe ich dort die einzig Initialzündung, die zielführend werden könnte. Dennoch ist die aktuelle Organisation der Welt in Länder und Länderregierungen nicht mehr angemessen für die Welt als ganze. Für ca. 80 % der Länderprobleme passen die Länder und deren Regierungschefs noch ins »Konzept«, aber für die Verteidigung oder den Kampf gegen die Umweltverschmutzung hilft diese nationale Sicht nicht recht weiter. Darauf wird später noch zurückzukommen sein. Derzeit ist jedoch damit umzugehen, was vorhanden ist: die Regierungschefs von rund 200 Ländern. Keiner erwartet vom Regierungschef eines armen und von Krisen geschüttelten Landes eine Lösung der Weltprobleme. Eine einzelne Region schafft es auch nicht – natürlich auch kein einzelner Chef, denn bei konsequenter Verfolgung nachhaltiger Ziele wird er sich sofort aus allen Märkten schießen (erhöhte Energie- und Umweltschutzkosten, Unverständnis für einseitige Entschleunigung des Bevölkerungswachstums etc.). Das Kollektiv kann per Definition nur die Welt als ganze sein. Also ist unabdingbar, alle Regierungschefs mit im Boot zu wissen.

Dass dieser Zustand nicht sofort erreicht werden kann in einem Wurf, ist vermutlich jedem klar – es muss Stufen geben. Für mich kann die Initiative nur bei einem oder mehreren Regierungschefs der entwickelten und größten Staaten der Welt beginnen. Ich stelle mir das so vor, dass Merkel oder Putin (oder wer auch immer) mit kraftvoller Stimme die interne Abstimmung mit anderen Regierungschefs beginnt. Aus der Initiative einzelner Staatenlenker, die sich untereinander ins Benehmen setzen, kann sich so eine große Bewegung entwickeln, wenn alle das Ihre dazu beitragen. So einfach sich dies anhört, so einfach sehe ich das auch. Diese Regierungschefs treffen sich und bringen einige Millionen mit. Mit diesem Geld werden Berater beauftragt, um Konzepte zu erarbeiten. Das wären für einige Regierungsmitarbeiter schlaflose Wochen und Monate und für die Regierungschefs einige Tage Klausur mit einem anerkannten Moderatorenteam. Fertig. Ein Jahr später trifft man sich wieder und lässt sich die Ergebnisse vorstellen. In der Zwischenzeit führt jeder der beteiligten Regierungschefs einige Telefonate mit weiteren Regierungschefs und versucht, Überzeugungsarbeit in größerem, letztlich weltweitem Rahmen zu leisten.

ZUSAMMENFASSUNG: Mächtige Regierungschefs braucht es also! Initiative, Konzeption, Ausweitung – bis hin zur Umsetzung.

BERATER habe ich in meiner beruflichen Laufbahn innerhalb von Unternehmen sehr häufig kennengelernt – sanft arrogant aus der Entfernung, aus der Nähe konsequent zielorientiert – hin auf ihre Ziele und die Ziele des Unternehmens steuernd – und jedes Problem zumindest auf den Folien nachvollziehbar lösend. Ich traue den Politikern Kommunikation und PR zu, aber neuartige Lösungen zu erarbeiten, um eine neue Organisation der Welt zu schaffen, sollte von Experten durchgeführt werden: den großen

Beratungsunternehmen. Und weil es hier vielleicht viele sinnvolle Wege geben kann und das Thema so wichtig ist, sollte man die Big Five der Beraterelite zusammenrufen und allen die gleiche Aufgabe stellen: ein gangbares Konzept zu entwerfen, um die Welt von nun ab konsequent zu schützen.

EINZELPERSONEN könnten eine Wende bringen. In Dan Browns Buch »Inferno« wird die Überbevölkerung als zentrales Problem der Menschheit beschrieben. Der intelligente und reiche Bösewicht des Buches will daraufhin vermeintlich die Menschheit durch eine globale Pestepidemie reduzieren. Die Guten kämpfen, das zu verhindern. Die seltsame Wendung ist letztendlich, dass sie den Bösen nicht aufhalten können – dieser aber nicht die Pest, sondern eine dauerhafte anteilige Unfruchtbarkeit in die Menschheit bringt und die Guten das dann gerne akzeptieren, weil es dem Problem Überbevölkerung für immer entgegenwirkt. Das Buch steckt voller interessanter Recherchen und Gedanken zum Thema – unrealistisch bleibt es dennoch. Aber eines ist klar: Nur durch das Engagement von Menschen wird es gelingen, die Welt zu retten. Einzelne Personen sehen in die Zukunft, und einzelne Personen werden irgendwann die Wende bringen – hoffentlich nicht erst, wenn der Leidensdruck sehr hoch ist.

WIR HABEN EIN HOHES BEWUSSTSEIN, aber eine geringe eigene Betroffenheit für die Probleme der Welt entwickelt. Fast alle gebildeten Menschen kennen die Gefahren des Klimawandels und der Überbevölkerung. Aber warum fühlen wir uns nicht betroffen? Ist es nur der Gedanke, dass es erst in den nachfolgenden Generationen wirkliche Auswirkungen haben wird – und es also diesen implizit zugewiesen wird, sich damit zu beschäftigen?

Natürlich – das wissen wir alle – sind wirtschaftliche Gründe maßgeblich. Die Entsorgung geschieht billiger, wenn wir einfach den Müll in die Meere kippen, und wer Bodenschätze hat, will diese auch verkaufen.

Es liegt aber auch daran, dass man alles, was einem sehr nahe ist, sehr viel intensiver wahrnimmt als die Umgebung oder gar die weite Ferne. Nimmt man zum Beispiel sein eigenes Haus: da ist einem wichtig, wie es aussieht, wer darin lebt und was passiert. Das Interesse für die eigene Stadt ist schon etwas reduzierter und distanzierter. Mit seinem Land identifiziert man sich gerade noch so, mit seinem Kontinent noch weniger, als Weltbürger empfinden sich nur wenige.

Um etwas zu bewegen, muss man sich Ziele setzen, Informationen suchen Analysen durchführen, Entscheidung treffen, Aktionen in Gang setzen, die Umsetzung steuern und lenken, gegebenenfalls Ziele korrigieren oder erreichen. Diese Schritte arbeitet man für sich komplett durch (zum Beispiel an der eigenen Karriere arbeiten, oder sich ein Haus bauen). Für das eigene Land macht man vielleicht noch die ersten Schritte, Ziele zu diskutieren, sich zu informieren und gegebenenfalls noch zu analysieren, ob es sinnvoll ist, in einer Wahl an der Entscheidung teilzunehmen. Spätestens nach der Wahl ist bei 99 % aller Bürger eines Landes Schluss. Man beobachtet noch, was die Politiker tun, mehr nicht. Eine Zielsetzung für die gesamte Welt festzulegen, dürfte sich als schwierig erweisen. Wer hat schon Ziele für die Welt? Information über die Auswirkungen unseres Tuns bezogen auf die gesamte Erde haben nur sehr wenige. Nur Wissenschaftler und Umweltorganisation analysieren umfassend und führen punktuelle, aber durchaus vielversprechende Handlungen durch.

VOR TAUSENDEN VON JAHREN (Zustand 1) gab es nur einzelne Stämme von Menschen, die weder ein Verständnis von dem Begriff »Welt« hatten noch es brauchten. Diese Stämme lebten in ihren Gebieten und wehrten feindliche Stämme ab.

ZUSTAND 1: Stämme leben nebeneinander in Revieren ohne Staatsführung

Es bildeten sich langsam Staaten aus dem friedlichen Zusammenschluss von Stämmen sowie dem feindlichen Unterjochen von Nachbarn. Es wuchsen Staatsgebilde (Zustand 2) aus verschiedenen Stämmen. Die Staaten organisierten sich innerhalb der Grenzen, nach außen hin verteidigten sie sich oder versuchten sich kämpferisch oder durch Allianzen zu erweitern. Irgendwann war die gesamte Welt in Länder aufgeteilt, die durch Könige und Stammesfürsten geführt wurden. Durch Kriege und Kolonialismus verschoben sich die Grenzen nur – das System als solches blieb.

ZUSTAND 2: Die gesamte Welt ist in Länder mit Grenzen eingeteilt, und die Länder werden von Einzelpersonen geführt

Im Anschluss an Zustand 2 zeichnen sich alle weiteren Zustände nur noch durch die Änderung der Führung aus. Ob die Ländergrenzen sich verschoben oder nicht, spielt keine Rolle. Nach weiteren vielen Jahrhunderten begann die Demokratisierung damit, dass sich die große Anzahl der unterworfenen Menschen gegen die kleine Anzahl von Personen/Familien mit Führungsprivileg stellten. Viele Staaten sind noch nicht von der Demokratisierung betroffen, aber ich denke, wir können es ein »Naturgesetz« nennen, dass alle Mitglieder eines Landes auch in gewissem Umfang an der Ausrichtung des Staates aktiven Anteil nehmen. Die erste Form der Demokratie – dieser Aspekt spielt im weiteren Verlauf der Argumentation eine Rolle – waren die Demokratien, die durch die Männer des Landes getragen wurden.

ZUSTAND 3: Die Länder wandeln sich (größtenteils) in durch die Männer des Landes geführte Demokratien um

Eine pauschal zu beobachtende nächste Entwicklung war, dass die Frauen in die Parlamente vorgedrungen sind. Nachdem die früher unterjochten Männer des Landes schon wählen konnten, hatten sich dann die Frauen erhoben und sich den Weg in die Parlamente geebnet.

ZUSTAND 4: Die Frauen ziehen gleichberechtigt in die Parlamente der Demokratien ein

Man kann also beobachten, dass unterdrückte Menschen einen Weg suchten, die Politik der Länder mitzubestimmen. Nach und nach wurde die Führung breit aufgestellt, und nach dem Einzug der Frauen in die Parlamente scheint nun ein Endzustand erreicht. Nun wird immer deutlicher, dass nicht nur die Männer und Frauen in den Staaten das Sagen, sondern auch die Pflanzen und Tiere eine »Stimme« haben sollten. Hier wird es aber nie zu Aufständen oder Revolutionen kommen. Fauna und Flora können sich nicht in unseren Maßstäben präsentieren und politisch artikulieren. Wir – die Menschen – müssen also zu deren Schutz selber Institutionen bzw. »Wahlleute« schaffen. Der Zustand 5, der nun alle Lebewesen und alle Länder der Erde umfassen würde, müsste auch die zu schützenden Tiere und Pflanzen mit im Fokus haben. Das ist mein Sollkonzept für die zukünftige Regierung der Länder: Artenschutz und Weltenschutz müssen über von Menschen geführte Institutionen unverzichtbarer Teil der Politik sein.

ZUSTAND 5 (= Ziel): Tiere und Pflanzen werden über menschengeführte Institutionen an der Demokratie beteiligt

Wie eine solche Beteiligung denkbar wäre, wird im Folgenden beschrieben. Hier an dieser Stelle geht es nicht um die Themen, bezüglich derer ich in 2.2 vorschlage, sie aus den nationalen Verantwortlichkeiten herauszulösen und auf Weltniveau zu lösen (Angriffspolitikpolitik und Umweltpolitik z.B.), sondern um die national natürlich weiterbestehenden Demokratien und deren Bereicherung um eine weitere Sicht: die der Tiere und Pflanzen. Da klar ist, dass ein Teil der Politikfelder für die Tiere und Pflanzen uninteressant ist (die Höhe der Mehrwertsteuer oder die Einführung der KFZ-Maut), würde ich die Parlamente weiter nicht verändern. Das hätte auch den Vorteil der leichteren Einführbarkeit (da wenig Änderungen). Vielmehr würde ich eine »Vetostelle« für Weltpolitik einführen. Diese würde die Gesetze im Sinne des Artenschutzes, des Bevölkerungswachstums, des Umweltschutzes etc. prüfen und Gefahren aufzeigen. Die Politiker mit ihren Gesetzesentwürfen hätten die Chance, diese Gefahren vorab mit der Institution zu besprechen und zu verhandeln. Gelingt das nicht, hat die Institution ein Vetorecht, das so lange währt, bis das Gesetzt »weltkonform« ist. Die Institution wird inhaltlich von einer zentralen Weltorganisation geführt und behält somit ihre Souveränität gegenüber der nationalen Regierung. Einen Gerichtshof für Streitigkeiten sollte man ebenfalls auf Weltebene einführen. Das Land wird demnach in Form einer Matrix geführt – also eine rein nationale Komponente und eine zentral gesteuerte Weltkomponente. Gesetze, die diese Weltorganisation für national umsetzungspflichtig hält, werden über ihre nationalen Institutionen eingebracht. Zu den konkreten Inhalten komme ich in Kapitel 2.2.

Also es hilft nur eins: wir müssen für die Ebene »Welt« nun Ziele setzen, Macht nach oben delegieren nur für globale Themen, Pläne machen, die dann in Ruhe und mit Macht umgesetzt und gesteuert werden.

IN DEN FOLGENDEN KAPITELN werden Bereiche genannt, in denen die Welt sich nachhaltig und vernünftig um sich selbst kümmern muss und kann. Dabei soll nicht vergessen werden, dass bereits große Schritte getan sind. Die Einführung der Demokratie in einem Großteil der rund 200 Länder auf der Erde ist bereits ein immenser Schritt. Wenn allerdings die Menschheit nur kurzfristig denkt, so werden die wichtigen Probleme auch in der Demokratie nicht angegangen. Analysiert man zum Beispiel die Anteile der kurzfristig bedeutsamen Themen in den Fernsehnachrichten oder auf der Parlamentsagenda, so wird das deutlich: Dort ist zum Beispiel wichtig, ob ein Betreuungsgeld für Kinder eingerichtet wird oder nicht, ob der Steuersatz von X auf X+1 angehoben wird etc. Die Politik, die Menschen und die Presse spiegeln das wider, was die Menschen aktuell interessiert: kurzfristige Themen – dringende Themen – interessante Themen – schöne Themen – Themen, die derzeit Auswirkungen haben. Aber nachhaltige und wirklich wichtige Themen sind da nur marginal zu finden.

Auch die umfassende Bildung der Menschheit ist in diesem Kontext immens bedeutsam. Die Anzahl der Staaten ohne Bildungssystem nimmt ab – der Anteil der studierten Menschen an der Gesamtbevölkerung nimmt zu, und auch in früheren Schwellenländern ist Bildung als unverzichtbar mittlerweile erkannt. Die meisten von uns sind informiert über die Probleme der Welt und tragen das Ihre im Kleinen bei, an diesen Problemen zu arbeiten. Ein anderer Teil der Menschheit allerdings sollte in größerem Rahmen denken und Handlungen anstoßen, die nachhaltig dafür sorgen, dass alle Lebensräume und Lebenspartner (Tiere, Pflanzen und Menschen) auch in Zukunft auf der Erde ihren Platz finden. Diese Gruppe müssen Politiker sein, Wissenschaftler und Unternehmer, Gruppen, die verstehen, lenken und handeln. Es gibt sie wohl, die Politiker, Wissenschaftler und Unternehmer, doch die meisten aus diesen Gruppen denken an die nächste Wahl, die nächste Gewinnprognose oder die nächste wissenschaftliche Veröffentlichung. Um eine Änderung zu erreichen, ist es nicht genug, dass einzelne Personen aus den drei genannten Gruppen den Finger warnend erheben. Die Entwicklung in Richtung Nachhaltigkeit muss von der Basis, also der Bevölkerung getragen werden und so ausreichend Druck auf die drei genannten Gruppen ausüben. Dafür ist aber Bildung in diesem Bereich notwendig und eine Öffentlichkeitsarbeit, die Lösungen aufzeigt. Was uns fehlt ist also a) noch mehr Bildung, b) entschlossene Lenker der Welt und dann c) konsequentes Handeln.

Die folgenden Kapitel basieren auf Aufzeichnungen aus den letzten zehn Jahren. Auf eine systematische Struktur, einen wissenschaftlichen Ansatz oder gar den Anspruch, alle Themen erschöpfend zu benennen, verzichte ich hier gezwungenermaßen.

2 | WELCHE MASSNAHMEN STÜNDEN EINEM ALS ›CHEF DER WELT‹ ZU GEBOTE?

2.1 | ALLGEMEINE VORSCHLÄGE ZUM PROZEDERE

Grundfeste der Führung für eine Welt

IM FOLGENDEN WERDEN LÖSUNGSVORSCHLÄGE dargeboten für einige aktuelle und zukünftige Probleme. Welchen Grundsätzen folgen diese Vorschläge? Diese Grundsätze sind leicht abzuleiten aus unserem eigenen Leben. Was du nicht willst, das man dir tut, das füg' auch keinem andern zu. Diese Regel hilft ungemein. Jeder muss sich um seine eigenen Probleme kümmern oder sollte im Einverständnis mit anderen gegenseitig Probleme beseitigen. Dazu gehört ein gegenseitiges Leben-Lassen ebenso, wie den Raubbau an Natur und Umwelt tunlichst einzustellen. Das sollte unser Verhalten insgesamt und nachhaltig prägen.

Stellt man diese und ähnliche Grundsatzregeln infrage, wird man keine Freude an den folgenden Ausführungen finden, denn es wird um Einschränkungen gehen.

GRUNDSATZ NUMMER 1: Wir dürfen nicht mehr den Müll beim Nachbarn entsorgen, die Nachbarn nicht mehr ausrotten, nicht mehr Material verbrauchen, als sich erneuern kann.

Organisatorische Leitplanken

SYSTEME DER DEMOKRATIE, des Wettbewerbs, des Konsums oder der allgemeinen Weiterentwicklung sind aus meiner Sicht unumstritten. Es gibt Diktatoren und unfreie Wirtschaftssysteme, die in der Vergangenheit stehenbleiben möchten. Auch das gehört zur Freiheit und zur Toleranz eines demokratischen Staates. Wenn die Politik z.B. mit der Mehrheit der Wähler Walfang oder Müllverklappung akzeptiert, ist das grundsätzlich demokratisch abgesichert und macht für den einzelnen Staat dann sicher auch Sinn. Wenn man aber Chef der Welt ist, dann darf man z.B. gegenüber dem regelmäßigen Einsatz von Atombomben oder dem Verklappen von Müll in den Meeren keine Toleranz zeigen. Die Grundsätze der Freiheit dürfen niemandem Schaden zufügen. Mein Professor für Wirtschaftspolitik während meines Studiums in Dortmund beharrte auf seinem Standpunkt, dass der »weise Diktator« die beste Lösung für die Welt sei. Ich stimme ihm insoweit zu, dass es funktioniert, aber würde sein Nachfolger auch noch weise sein? Oder der dritte dann folgende Diktator? Ähnlich wie der Kommunismus ein geniales Modell ist, das aber mit uns Menschen nicht funktioniert, denke ich, dass nur Demokratien nachhaltig die Richtung halten können: frei, gleich, nachhaltig (leider noch nicht), Wohlstand und Zukunft sichernd.

Das organisatorische Mittel »Demokratie« wird ausgeübt in althergebrachten Strukturen der Länder. Früher waren die Horizonte begrenzt, heute sind wir alle einander nahegerückt – die Infrastruktur, die Probleme, die Handlungsoptionen sind global geworden. Nur die jeweilige Organisation ist noch immer auf Länder bezogen. Die UNO geht in die richtige Richtung – steht aber auf der dritten von vielleicht 20 Stufen – nachhaltige Weltpolitik in den relevanten Bereichen mit Durchsetzungskraft fehlt noch; auch die EU bleibt auf halbem Wege im »Klein-Klein« stecken – keiner möchte gänzlich auf Einfluss verzichten.

Betrachtet man Themen wie »Steuern«, und »Bildung«, so ist hier eine Harmonisierung nützlich, aber andererseits ist ein Wettbewerb sogar dienlich. Kommt das Nachbarland mit niedrigeren Steuern zurecht und kann dennoch eine perfekte Infrastruktur bieten: warum keinen Wettbewerb zulassen in den Steuersystemen der Länder? Warum keinen Wettbewerb in der Bildung zulassen? Wettbewerb (und gleichzeitig Freiheit) der Systeme und der Unternehmen und der Arbeitnehmer und der Religionen ist eine optimale Lösung. Dafür müssen die Ländergrenzen nicht überwunden werden.

Aber Themen wie die Weltsicherheit oder die Umweltverschmutzung, die Ressourcenausbeute oder die Vernichtung der Arten sind globale Themen. Sie betreffen nämlich nur eine »Organisationseinheit«: die Welt als ganze. Unseren Müll, den wir zum Nachbar werfen, bekommen wir zurück – entweder indem er auch wirft, nämlich in unsere Richtung, oder indem unsere Abgase einmal um die Welt wehen und wieder bei uns landen. Wir wissen alle, dass es so ist – nur die Auswirkungen sind so gering, dass es noch nicht zum Handeln treibt. Man muss auch handeln! Was wäre aus Hitlerdeutschland geworden, wenn nicht die Alliierten eingegriffen hätten? Warum greift die USA noch heute militärisch ein? Weil sie eine Weltverantwortung meint übernehmen zu müssen und es keine global funktionierende Organisationseinheit für den Weltfrieden gibt. Ich denke, dass die Rolle der USA für den Weltfrieden nicht zu unterschätzen ist. Natürlich wird diese US-Politik auch dazu genutzt, um Eigeninteressen (Öl?) zu stützen oder von innenpolitischen Problemen abzulenken.

Kurz und gut: Viele der folgenden Punkte und Probleme bedürfen rein organisationslogisch einer globalen Lösung. Manche Dinge kann man allein zu Hause klären, manche Dinge muss man bilateral oder multilateral in der Nachbarschaft lösen. Und für manche Dinge braucht man einen Bürgermeister mit Kraft und Verantwortung für das Ganze.

GRUNDSATZ NUMMER 2: Die Weltmächte sollten sich auf eine sinnvolle Organisation einigen: Globale Themen müssen global gelöst werden. Umweltschutz, Weltfrieden, Schutz der Artenvielfalt müssen auf Weltniveau verbindlich und verantwortlich bearbeitet und gelöst werden.

Konzentration auf das Wichtige

MANAGER UND POLITIKER neigen dazu, die dringenden Themen zu bearbeiten: Was schreibt die Presse gerade über mich? Große Aufmerksamkeit darauf! Wo gibt es gerade eine Krise? Darum muss man sich kümmern! Welche Wahl steht an? Die steht im Vordergrund!

Anstatt sich ständig wegen dringlicher Probleme zu treffen (Ukraine, Griechenland …), sollten die Führer der Weltmächte sich vom Wichtigen leiten lassen. Das hat schon Eisenhower für seinen Schreibtisch erkannt. Stephen Covey hat das weiterentwickelt. In einer Kurzformel fasse ich »Eisenhower« so zusammen: Manager, die Unternehmen, Politiker, die ihr Land, Leiter, die ihre Einheit, und alle anderen normalen Menschen, die ihr Leben in den Griff bekommen wollen: beschäftigt euch mit den wichtigen Dingen und das in Ruhe, dann wird alles gut. Kein Vergeuden der Zeit mit unwichtigen Dingen. Die unwichtigen Dinge sollte man delegieren wenn möglich, oder unterlassen. Und das Wichtige nicht dringlich werden lassen durch frühes Lösen!

Stattdessen wird Dringlichkeit zelebriert – man wartet, bis die bekannten Inhalte zu Problemen werden. Warum warten wir z.B. mit der Energiewende, wo wir doch wissen, dass in z.B. 300 Jahren sowieso kein Tropfen Öl mehr da ist und selbst die Kohle verbraucht ist? Und wenn es nicht 300 Jahre sind, dann vielleicht 500; endlich ist endlich und es ist jetzt wichtig, die Probleme zu lösen und nicht, wenn unsere Enkel in klimatische Not geraten, weil wir verschwenderisch gelebt haben, ohne unsere technischen und wissenschaftlichen und logischen und politischen Mittel bereits jetzt zu nutzen. Die Bedeutsamkeit für die Welt ist der Maßstab, um die Themen zu wählen, die zu behandeln sind und die unserer Generation aus der Sicht der Enkelgeneration Wertschätzung verschafft. Bisher kümmert sich die Weltspitze um das, was die zweite Ebene der Führung machen sollte: Krisen lösen, konkrete Gesetze erstellen, offizielle Empfänge besuchen usw.

GRUNDSATZ NUMMER 3: Die Weltspitze muss sich um die wichtigen und nachhaltigen Dinge kümmern wie die grundsätzliche Organisation der Welt und das Lösen generationsübergreifender Probleme.

Der Zeitrahmen einer Entscheidung

ES IST EINFACH, FORDERUNGEN AUFZUSTELLEN und die Umsetzung »sofort« zu erwarten. Aber seien wir ehrlich: Wie können wir sofort jeden Krieg beenden und jeden Fluss renaturieren? Für gewöhnlich braucht es Zeit für die Umsetzung. Das ist zwingend notwendig. Ein zweiter Grund für die zeitliche Verzögerung ist unsere eigene Unzulänglichkeit: Wer kann schon politisch durchsetzen, dass sofort auf Benzin zu verzichten ist? Aber wenn man realistische Fristen im Blick hat, dann sind die Entscheider weit eher bereit, »ja« zu sagen, vielleicht auch, weil sie das Problem eher an die nachfolgende Generation abgeben können. Die zeitliche Verzögerung zwischen Entscheidung und Umsetzung ist einer der wichtigsten Lösungsansätze. Man sollte die unumstößlichen Notwendigkeiten nicht inhaltlich diskutieren, sondern nur zeitlich. Das Kyoto-Abkommen wurde hier nicht völlig falsch ausgerichtet (Ziele für später setzen, sonst nicht durchsetzbar!), aber es war nicht konsequent genug in den Inhalten, und setzte den Zeitrahmen vielleicht zu kurz. Lieber in 50 Jahren das Problem komplett beheben (und nur »komplett« ist eine richtige Lösung), als jetzt, etwa 20 Jahre danach, noch immer derartige Mengen CO_2-haltiger Brennstoffe zu nutzen. Die Verhandlung sollte nicht über die Lösung selber geführt werden (siehe nächstes Kapitel – die ist immer einfach und klar), sondern über die Einführungszeitpunkte. Lieber ein Jahrzehnt zugeben, dann jedoch konsequent das Thema beendet haben. Ein dritter Grund der zeitlichen Verzögerung ist die Laufzeit von Anlagen und Technik. Wer sich heute z. B. eine neue Gasheizung kauft, kann nicht zustimmen, dass morgen Gas nicht mehr erlaubt ist. Er will diese Heizung erst mal 20 Jahre lang nutzen. Danach ist eine neue Heizung fällig; die neue kann dann anders sein. Da kann man zustimmen.

GRUNDSATZ NUMMER 4: In der Zielrichtung klar sein, aber mit zeitlichen Fristen Dinge zustimmungsfähig gestalten und entzerren. Lieber nach 50 Jahren etwas erreichen als nie.

Die Grundsätzlichkeit der Problemlösung

JEDE RESOLUTION AUF HÖCHSTER EBENE scheint mir vom Grundsatz recht einfach zu sein (z. B. keinen Müll mehr in Flüsse, keine Kriege mehr), so wie eine Verfassung recht einfach ist (z.B. Die Würde aller Menschen ist unantastbar). Das Problem sind jeweils die konkreten Ausgestaltungen. Aber was fehlt auf der Welt (das ist unsere höchste organisatorische Einheit), ist eine Art globaler Verfassung oder Resolutionen auf Weltniveau.

GRUNDSATZ NUMMER 5: Probleme sind inhaltlich konsequent zu lösen. Dadurch wird es keine großen Diskussionen über »Sonderregelungen« oder halbe Lösungen geben. Die Wahrheit ist immer recht einfach.

Trennung von Vorbereitung und Beschluss

DIE REGIERUNGSCHEFS DER WELT haben alle ihre jeweils eigenen, konkreten, zu einem großen Teil national ausgerichteten Themen, und das große Ziel wird aus den Augen verloren. Die Lösung sollte sein, international besetzte anerkannte Expertengruppen zu schaffen (Berater zusammen mit Wissenschaftlern, Leiter von entsprechenden sich engagierenden Organisationen…), die das Richtige identifizieren und als Ziel definieren in Resolutionen.

GRUNDSATZ NUMMER 6: Sorgfältig und logisch durchdachte Resolutionen ohne Kompromisse sowie Sonderlösungen sind durch Expertengruppen zu formulieren.

Vorab haben wir die Grundsätze festzulegen. Diese sind einfach: »Expertengruppen, macht ein durchdachtes und nachhaltiges Konzept, von denen unsere Nachfahren sagen werden: ›Nach Hunderten von Jahren des Generationen- und Ländeegoismus ist hier eine Wende eingetreten – ab dann begann ein neues Zeitalter – das der Nachhaltigkeit.‹«

GRUNDSATZ NUMMER 7: Vor dem Beginn der Arbeit sind allgemeine Grundsätze von den Expertenteams vorzugeben, die so einfach und einheitlich sind, dass kein Streit entstehen sollte.

INHALTE: a) Keine Sonderregelungen – nie werden einzelne Staaten explizit genannt; b) Keine halben Lösungen:

wenn etwas schlecht ist, dann ist es komplett zu verwerfen; c) Keine politischen Lösungen – nur inhaltlich konsequent ausgearbeitete Lösungen sind zu erarbeiten; d) Sanktionsmechanismen sind zu erarbeiten; e) Meilensteine sind zu definieren hin auf des Gesamtziel.

Sanktionsmechanismen

ES REICHT NICHT, DIE EXPERTENGRUPPEN vernünftig auf die Spur zu setzen; es reicht nicht, die Regeln verbindlich zu beschließen durch die Staatslenker oder durch die UN. Es muss auch ein Controlling der Zielerreichung und Einhaltung erfolgen. Sanktionen sollten nicht willkürlich und nachträglich sein und so erlauben, dass man sich ihnen letztlich entzieht. Es sollten jetzt Funds angelegt werden, in die alle (z.B. nach BIP/Einwohner) einzahlen. Die im nächsten Kapitel zu beschreibenden Meilensteine können als Erfolgsmesspunkte dienen. Tranchen des Funds sind dann z.B. zehn Jahre zu verwahren und dann an die auszuzahlen, die festgelegte Ziele zu den Meilensteinen erreicht haben. Am besten wäre demnach, wenn jeder sein Geld wieder bekäme, denn es ist ja genauso wie geplant alles umgesetzt worden. Bis zum endgültigen Umsetzungstermin (z.B. in 50 Jahren) wird also 50 Jahre Geld eingesammelt und um zehn Jahre versetzt wieder ausgezahlt. Werden konkrete Ziele nicht erreicht, wird ohne Sonderregelungen und Entschuldigungsmöglichkeit das Geld an die ausgezahlt, die schon weiter sind in der Zielerreichung.

GRUNDSATZ NUMMER 8: Logisch durchdachte und funktionierende Sanktionsmechanismen sind einzurichten, die nicht mehr von persönlichen Gesprächen abhängen, sondern von unabhängig zu ermittelnden Zielerreichungen.

Meilensteine

DIE EXPERTENGRUPPEN sollten Meilensteine auf dem Weg hin zum Gesamtziel definieren. Dieses macht den Prozess der Umsetzung operational und das Controlling sowie das Sanktionieren möglich

GRUNDSATZ NUMMER 9: Die Expertengruppe erarbeitet sachlogische, erreichbare und messbare Ziele für die endgültige Zielerreichung und deren Meilensteine auf dem Weg bis dahin.

Selektion der beteiligten Staaten

WIR WISSEN ALLE, DASS MAN SICH NUR DANN um übergeordnete, strategische oder Freude bringende Dinge kümmern kann, wenn man satt ist und ein Dach über dem Kopf hat. Die Staatengemeinschaft muss sich gezwungenermaßen in Gruppen aufteilen. Alle Staaten, die sich selber als stabil einschätzen, alle, die grundsätzlich ihre Bevölkerung ernähren können, alle, die den Kopf heben können, um an die Zukunft zu denken, sollten sich beteiligen. Eine ihrer Aufgaben wird dann sein, die noch nicht beteiligen Staaten zu unterstützen, zu befrieden, zu entwickeln. Das ist eine der wichtigen Maßnahmen, die ergriffen werden müssen von der Weltspitze.

Aber zu Beginn werden nicht alle Staaten gleich mitmachen können. Es wird auch Staaten geben, die ihre Bevölkerung unterjochen und sich um die Welt nicht kümmern wollen, weil die Diktatoren ihre Machtstrukturen nicht aufgeben wollen, ihre Korruption und finanziellen Interessen. Auch für diese Staaten muss die Staatengemeinschaft mehr Verantwortung übernehmen. Zum Ende des Prozesses gelingt die Problemlösung nur unter Beteiligung aller.

GRUNDSATZ NUMMER 10: Zu Beginn sind die Staaten zu separieren, die sich derzeit nicht beteiligen wollen oder können. Eine vollständige Harmonisierung schon zu Beginn erscheint unmöglich. Die Staaten, die nicht mitmachen, sind zu unterscheiden in hilfsbedürftig und diktatorisch, und entsprechend sind unterschiedliche Strategien und Sanktionsmechanismen auszuarbeiten.

Aufbau der Konzepte

DIE ZU ERARBEITENDEN KONZEPTE müssen so aufgebaut sein, dass immense Arbeit in die Vorbereitung und die Logik und die Planung investiert wird, was dann später dafür sorgt, dass es keine Streitigkeiten gibt. Konzepte müssen a) gut vorbereitet sein b) logisch und intelligent sein, dürfen c) keinen Streit am Ende nach sich ziehen, müssen d) akzeptabel für alle Parteien zu Beginn sein und e) transparent und nachvollziehbar in allen Konsequenzen; zusätzlich sollten f) die Parteien gleichberechtigt sein, und es könnte notfalls auch mal »mit dem Würfel« eine Lösung gefunden werden, wobei das nicht zu Nachteilen des Einzelnen führen darf; g) die Konzepte sollen definitiv und ohne Rückkehr zu Streitpositionen eine Lösung bringen; h) Risiken sollten vorab durchdacht und hineinkonzipiert werden, und i) Nichthandeln mit scharfen, vorher bekannten Sanktionen behaftet sein, wobei die betroffene Partei nicht mehr selber zustimmen oder etwas tun muss. Das muss bereits vorher alles geklärt sein.

GRUNDSATZ NUMMER 11: Die folgenden Konzepte sind nach den o.g. Regeln auszuarbeiten. Wenn alle diese Punkte erfüllt sind, dann erst ist die Regel zur Abstimmung bzw. Einführung zu bringen. Vorbereitung und Planung sind also wie in einem normalen Projekt-Management extrem exakt zu beachten.

DIE O.G. ALLGEMEINEN HINWEISE sind hilfreich für die Lösung der konkreten Probleme, die bereits beispielhaft erwähnt wurden. Nun ist es aber auch der Anspruch dieser Darlegungen, eine konkrete Liste der wesentlichen Probleme dieser Erde zu erstellen und abzuarbeiten. Diese Liste kann sicher erweitert werden. Hier ist nur das benannt und ausgeführt, was mir selber aufgefallen ist oder was mich bewegt. Sicher gibt es weitere Probleme – ob die global sind und noch nicht ausreichend, ist von anderen zu entscheiden. Mir geht es um die Bedeutsamkeit auf der Ebene »Welt«. Kritik an der Auswahl der Bereiche möchte ich schon jetzt beantworten: Bitte die Liste erweitern oder kürzen. Hauptsache, es wird bald was getan. Die folgenden 15 Punkte sind meine gesammelten Informationen bzw. neue Ideen.

Unsere Flüsse

IN DER VERGANGENHEIT HABEN WIR FLÜSSE BENUTZT, um uns bzw. Güter darauf zu transportieren, und als Trinkwasser. Die Flüsse waren für den Menschen schon immer sehr wichtig, zum Beispiel als natürliche Grenzen für eine Besiedlung und später für das Abbilden von Grenzen. Die Fortbewegung auf Flüssen war früher emissionslos. Es wurde mit Menschen- oder mit Windkraft bewerkstelligt.

Seit vielen Jahrzehnten, ja seit Jahrhunderten, benutzen wir den Fluss zum Abtransport von Müll – insbesondere wenn er flüssig ist. Das führt dazu, dass der Mensch zwar noch den Fluss zum Transport nutzen kann, aber nicht mehr, um daraus zu trinken. Nur mit komplizierten Filteranlagen kann man die Wasserqualität aufbereiten auf ein trinkbares Niveau. Denken wir an die oben genannten Prinzipien, dass es uns nicht erlaubt ist, Müll zu produzieren und aus unserem Einflussgebiet abtransportieren zu lassen, so wird deutlich, dass eine nachhaltige Lösung nur darin liegen kann, dass wir keinen Müll mehr in die Flüsse entsorgen dürfen. Dieses gilt ausnahmslos und umfassend für sämtliche Flüsse und Bäche dieser Welt.

LÖSUNG: nur frisches Wasser in unsere Flüsse
ZIEL: Sämtliche Flüsse der Welt dürfen nur noch dann an Rohre angeschlossen werden, wenn reines Wasser darin fließt. Flüsse als einfache Entsorgungskanäle sind nicht mehr erlaubt.
ZEITRAHMEN: 20 Jahre bis zur Umsetzung.
BESCHLUSS: Heute und auf Weltebene.
MÖGLICHE MEILENSTEINE: Alle Verrohrungen hin zu Flüssen, in denen nicht klares Wasser fließt, sind nach zehn Jahren zu schließen. Nach zehn Jahren an den Mündungen großer Flüsse oder an Grenzübergängen von Flüssen sind Messungen durchzuführen. Ist die Trinkwasserqualität nicht erreicht, werden die vorher definierten Sanktionen gegen den Staat verhängt. Die Messung an den Mündungen und Grenzen reicht in 90% der Fälle aus, da ja alle Flüsse sauber sein sollen.

Abfallregeln

WEIL WIR HERRIN IN UNSEREM HAUS SIND, sorgen wir für Ordnung. Was den Abfall betrifft, den wir produzieren, so haben wir als Haushalt Tonnen, in denen wir uns das Problem vom Müllwagen vom eigenen Hof entsorgen lassen. Fertig und gut – wir hoffen, dass der Müll verwertet wird, aber wenn er verbrannt oder in ein anderes Gebiet oder Land verschifft wird, um ihn dort zu deponieren, dann ist es uns letztlich eher gleich.

Aus der Sicht des Chefs der Welt gibt es keine Nachbarn oder weit entfernte Planeten, auf dem wir entsorgen können. Die Verbrennung zieht zwar die Energie teilweise aus dem Müll heraus, doch sie hinterlässt den Müll in der verbleibenden Asche beziehungsweise in der Luft. Wenn wir also nachhaltig über Müllentsorgung nachdenken, dann geht das nur ohne Luftverschmutzung und ohne kontaminierte Asche. Die Theorie der externen Effekte gibt uns hier die Lösung, die bereits in anderen Konzepten (zum Beispiel duales System) Anwendung gefunden hat. Wenn wir etwas verbrauchen/verursachen, müssen wir uns darum sorgen, dass anschließend alle negativen Effekte wieder behoben werden.

Die Theorie der Eigentumsrechte (property rights) bietet hier Lösungsansätze. Die verbindliche Einführung von Rechten oder Pflichten stellt den Rechtsraum klar und ermöglicht Verhandlungslösungen. Im Beispiel der Müllentsorgung in unserem Haus könnte man die Pflicht der rückstandsfreien Müllentsorgung beim Produzenten der

Güter ansiedeln oder beim Konsumenten der Güter. Aus pragmatischen Gründen ist wahrscheinlich die Einführung von Regeln bezogen auf die Produzenten von Gütern einfacher durchzuführen, als die Kontrolle sämtlicher möglicher Konsumenten und ihr Verhalten. Also alle Verpackungen und alle defekten Produkte müssen vom Verkäufer zurückgenommen werden. Dafür muss es ein erträgliches, aber dennoch empfindliches Pfand geben, so wie bei Dosen und Flaschen, die nur noch selten weggeworfen in der Natur zu finden sind. Das Wegwerfen muss dem Kunden wehtun, weil er dann auf Pfand verzichten muss. Die dennoch weggeworfenen Dinge werden dann von den Findern in Geld umgetauscht. Die Entsorgungskosten sind aus kostenrechnerischer Sicht vom Verkäufer bereits mit einzupreisen.

LÖSUNG: Abfall muss zu 100% vermieden werden

ZIEL: Die Produzenten von Produkten werden verpflichtet, sämtliche Produktabfälle kostenfrei zurückzunehmen und anschließend zu recyceln. Dieses ist über die gesamte Produktionsmenge über Jahrzehnte abzusichern, und zwar schon bei Produktherstellung. Müll darf nicht mehr verbrannt, deponiert oder verklappt werden. Wenn wegen geringer Bedeutung des Produktes ein Zurückbringen entfällt, kann ein Pfandsystem eingeführt werden. Pfand und Rückgabestellen sind auf dem Produkt zu vermerken. Die Müllentsorgung wird zukünftig über die Industrie finanziert.

ZEITRAHMEN: 20 Jahre bis zur Umsetzung.

BESCHLUSS: Heute und auf Weltebene.

Energie

DIE ENERGIEWIRTSCHAFT DER MEISTEN LÄNDER basiert auf der Nutzung natürlich vorkommender Rohstoffe. Island mit Erdwärme oder Frankreich mit Atomenergie sind in der Stromerzeugung Ausnahmen. In der Stromerzeugung in Deutschland (grob rund 600 TWh) wird nur rund ein Sechstel der Primärenergie eingesetzt. Der gesamte Energieverbrauch liegt bei rund 3600 TWh. Es geht hier nicht um exakte Zahlen, sondern um steuerungsrelevante Größenordnungen. Deutschland tritt nun auf die Bremse der regenerativen Stromerzeugung (rund 200 TWh), da die Kosten hoch sind und bereits mehr als ein Drittel erreicht ist, was weit mehr ist, als vergleichbare Staaten aufweisen können. Dennoch sprechen wir nur über ein Achtzehntel des Energieverbrauchs. Kein Tropfen auf den heißen Stein mehr, aber dennoch unerheblich. Wind und insbesondere Sonne ist zu wenig vorhanden, um die gesamten 3600 TWh zu produzieren. Zudem sind Autos, Fabriken und Heizungen nicht zu 100% auf Stromnutzung basiert. Im Gegenteil – hier spielt Elektrizität eher keine Rolle.

Die Weltbevölkerung wächst exponentiell – die früheren Schwellenländer schwingen sich auf zu erfolgreichen Industrieländern. Die Menschen auf der ganzen Welt wollen reisen und sich fortbewegen und heizen. Eine Reduktion des Energieverbrauchs schließt sich fast aus. Die Bodenschätze sind begrenzt – über Jahrmillionen haben sie sich eingelagert und umgewandelt und nun pumpen und baggern wir alles in Erdzeitsekunden heraus. Das wäre kein Problem, wenn es keine negativen Konsequenzen hätte. Dann würde man einfach fortfahren, bis alle Vorräte aufgebraucht sind und versuchen, etwas Neues zu finden. Doch die Nutzung hat Folgen, die erst seit einigen Jahrzehnten bekannt sein und noch heute von einigen bestritten werden. Durch die Verbrennung von fossilen Rohstoffen wird CO_2 frei und führt zu einer Erwärmung der Atmosphäre. Die Folgen sind für Klima, Mensch und Tier immens – ein genaues Szenario gibt es natürlich nicht, aber die ersten Folgen werden sichtbar in den Naturkatastrophen und dem Abschmelzen der Eiskuppen und Gletscher.

Müsste das nicht eine Weltregierung stoppen? Da es keine gibt, wird dieses Problem nur rudimentär behandelt. Man beruhigt sich mit Energiesparen, wohl wissend, dass es sich nur um marginale Verzögerungseffekte handelt, die man erreicht. Wir beruhigen uns selber mit Blick auf die Untätigkeit der anderen oder die eigenen Anstrengungen. Viele Rufer sind leise geworden. Aber das Problem ist bei weitem nicht gelöst. Und es ist ein globales, das alle angeht. Klimawandel ist nicht regional oder national zu begrenzen. Wir müssen etwas tun. Die Weltführer müssen etwas tun – das ist wichtig und bereits dringend.

Wie muss die Lösung aussehen? Es kann nur eine Lösung sein, die weltweit verfügbar ist, die riesige Mengen Energie zur Verfügung stellen kann und erneuerbar. Ohne lange Analysen zu machen, ist Folgendes deutlich: Von den bisher bekannten Lösungen kann es nur die Sonne sein, die täglich Unmengen von Energie auf unsere Erde sendet. Wir können unmöglich 3600 TWh mit hunderttausenden Windrädern erzeugen. Wir können nicht die halbe Welt zur Anpflanzung von Biomasse nutzen. Gezeiten und Algen und Wasserspeicher werden nicht die Weltenergiebedarfe übernehmen. Der Club of Rome hat dieses schon vor Jahren erkannt. Viele Großkonzerne sind mit winzigen Anteilen in die Idee eingestiegen und haben die Idee beobachtet, aber nicht gefördert. Mutlosigkeit und Beharrlichkeit sind nun z.B. in den Aktienkursen von RWE und E.ON deutlich zu erkennen. Es gibt keine andere Wahl aus meiner Sicht, als alle möglichen Energieverbraucher auf Strom umzustellen (Strom kann am leichtesten aus der Sonne erzeugt und anschließend transportiert werden) und die Wüsten der Welt in Asien, Afrika und Amerika zu nutzen, um Tag und Nacht abgesichert Strom zur Verfügung zu stellen weltweit. Klar stellen sich dann Fragen wie »Wie bekommen wir den Strom nach Europa? Was ist mit meinen Aktien von Ölkonzernen? Wie soll ich meinen Oldtimer weiter fahren können? Was passiert in der dunklen Nacht? Wie kann man Flugzeuge mit Strom in die Luft bringen?« Aber das ist alles nicht so schlimm wie der Klimawandel. Wir werden das lösen, wenn wir nur eine

Richtung hätten. Und die Richtung muss von der Weltführung kommen, die sich von dringenden Problemen für einige Zeit zurückziehen muss, um die wichtigen Dinge zu definieren.

Jedem ist klar, dass solche Maßnahmen nicht heute oder in zehn Jahren umsetzbar sein werden. Aber wenn die notwendige Entscheidung »keine fossilen Brennstoffe« einmal definiert ist, wird alles gehen. Und diese Entscheidung kommt ja sowieso als dringliches Problem irgendwann auf uns zu, wenn alles verbrannt ist, was zu verbrennen gefunden werden kann. Warum also nicht jetzt? Es muss getan werden. Dieses Kapitel ist vielleicht das wichtigste Kapitel neben »Weltregierung schaffen« und »Bevölkerungswachstum senken«. Dennoch ist es kurz. Was soll ich mehr schreiben? In Diskussionen einsteigen, ob Gleichstromleitungen wirklich funktionieren übers Mittelmeer oder ob man politische Sicherheit wirklich in den Wüstenstaaten finden kann? Man muss. Ganz gleich wie: man findet Lösungen im Detail, wenn das Ziel unverrückbar und zwingend ist. Wir stocken nicht, weil es nicht gehen wird, sondern weil wir keine Weltführer haben, die sich um das Wichtige kümmern wollen oder dürfen.

LÖSUNG: Nutzung Sonnenenergie

ZIEL: Die fossilen Brennstoffe werden nicht mehr genutzt. Sämtliche Energieverbraucher sind auf Strom umzustellen. Die Wüsten sind zu erschließen mit Transportleitungen hin zu den Verbraucherknotenpunkten.

Solarkraftwerke sind zu erreichten in einer Größenordnung, dass sämtlicher Energieverbrauch der Erde Tag und Nacht abgedeckt werden könnte. Speichersysteme (wie verflüssigte Salze) sind für den Nachtverbrauch zu bauen.

ZEITRAHMEN: 30 Jahre bis zur Umsetzung.

BESCHLUSS: Heute und auf Weltebene.

MÖGLICHE MEILENSTEINE: Innerhalb von 20 Jahren sind 50% der Heizungen und Autos und Industrieanwendungen auf Strom umzustellen und 50 % der Stromerzeugung erfolgt aus der Wüste. Entweder sind bis dahin weitere bahnbrechende Erfindungen gemacht worden oder nach 30 Jahren ist dann 100% aus der Wüste zu bedienen und kein Verbraucher darf mehr fossile Energie nutzen.

Wie kann man die Welt regieren?

WIE SCHON BESCHRIEBEN, sind die wichtigen Themen der Welt auch auf Weltniveau zu lösen. Die USA oder auch die NATO haben diese Rolle mehr oder weniger für die Verteidigung von Staaten übernommen. Aus welchem Interesse auch immer greifen sie ein, wenn Konflikte ausbrechen – nicht immer, aber schon sehr lange. Es besteht ein Vakuum an der einen Weltmacht, so dass die existierenden Großmächte diese teilweise füllen. Aber es gibt nichts Offizielles, nichts was regelmäßig und klar funktioniert. Es gibt keine Abgrenzung der Weltaufgaben und keine wirklich machthabende Organisation, die die wichtigen Weltthemen lösen könnte. Die UN könnte es tun, doch wird diese boykottiert, klein gehalten oder über fehlende Mitgliedsbeiträge ausgetrocknet. Zudem ist ihre Aufgabenstellung eher »menschenorientiert« und nicht »weltorientiert«. Eine funktionierende Weltmacht zu schaffen – ob aus der UN heraus oder neu –, kann nur über das Commitment der großen Staaten funktionieren, z.B. die G7-Staaten. Dazu müssten sich die Chefs der Länder so lange zusammensetzen, bis ein Ergebnis erzielt ist. Welche Themen sollen auf Weltniveau gebracht werden? Meine Vorschläge dazu können in meinen Kapiteln gelesen werden. Wer soll diese Institution leiten? Wird es eine Art Aufsichtsrat geben, bestehend aus den wichtigsten Länderchefs? Sind die aufgestellten Regeln grundsätzlich rechtsverbindlich? Wie müssen unsere Verfassungen angepasst werden? Lassen wir Mehrheitsbeschlüsse in diesem Aufsichtsrat zu? Gibt es Verhältnisstimmrechte z.B. gemäß Bevölkerungszahl, BIP, UN-Beiträgen? Wie werden die Einzelstaaten ihre Kompetenzen in diesen Weltbereichen abbauen bzw. die höhere Ebene akzeptieren?

Natürlich ist es extrem schwierig, den Bund der Staaten und letztlich jeden einzelnen davon zu überzeugen, dass ein Umweltminister nun auf Weltniveau arbeitet und nicht mehr national, oder dass eine Angriffsarmee nun auf Weltniveau gesteuert wird und nicht mehr national. Da muss es intelligente Lösungen geben wie z.B. die Vereinheitlichung und den Zusammenschluss aller Armeen, und doch kann jeder Regierungschef im Notfall seinen Teil »schneller« oder eigenmächtig einsetzen. Ab wann der Chef dann regelwidrig handelt, ist festzulegen, wie die Strafen dazu auch. Und diese müssen vorab installiert und konkret eingezogen werden – nicht erst im Streitfall. Aus meiner Erfahrung als Manager mehrerer Unternehmen würde ich hier einen Berater einschalten – die Aufgabe klar für den Berater beschreiben und mit deren Think Tank ein meist positiv überraschendes Konzept erarbeiten lassen. Der Berater bekommt dann einen »normalen« Organisationsauftrag. Nur dass es diesmal um die Welt geht …

Das A und O ist also nicht das »Wie«. Das wird erarbeitet werden können – auch hier ist eine Zeitverzögerung einzubauen! Vielleicht ist es ratsam, mehrere Berater miteinander konkurrieren zu lassen wie bei anderen Ausschreibungen üblich? Das Wichtige ist hier, dass sich die Weltherrscher mit dem Thema identifizieren, keine versteckten egoistischen Absichten verfolgen, zusammen diese neue Weltmacht in Auftrag geben. Auch wenn ich hier zu diktatorisch klingen mag: aber ein langfristiges Ausklammern von Staaten darf nicht erlaubt sein. Wie soll man 90% der Staaten auf die Reduzierung des Bevölkerungswachstums einschwören, wenn ein Staat sich nicht darum kümmert und freudig weiter wächst? Wie kann man langfristig einen ignoranten Staat von der Sorge um den Klimawandel ausschließen? Es müssen also auch hier Sanktionsmechanismen eingebaut werden. Diese sollten natürlich nicht kriegerischer Natur sein, aber vielleicht kann man diese Staaten isolieren – die Einreise zu 100% ablehnen – die Produkte zu 100% boykottieren – keine Produkte an sie verkaufen? Die Zug-, Straßen-, Flugverbindungen schließen. Schmarotzer, Egoisten und Ignoranten sollten auch als solche behandelt werden.

Die wichtigsten Staatenlenker müssen sich einig sein. Zu Beginn eines jeden Projektes stehen die Idee und die Initiative. Ideen sind genug da – die Schwäche ist die konsequente Konzentration der Staatenlenker auf die wichtigen. Jene sind grundsätzlich weit weniger egoistisch und engsichtig als vor 100 oder 200 Jahren. Ich hoffe, dass der Weitblick der Staatenlenker jetzt schon ausreicht, um hier Erfolge erzielen zu können.

Ein letzter Satz: Die Organisation, die die Welt lenkt, muss ausreichende Verdienstmöglichkeiten für die Leiter bieten. Nicht nur, um angemessen für das zu führende Objekt (die Welt) zu vergüten, sondern um einen solchen Job für die Besten attraktiv werden zu lassen und weiterhin, um die Idee eigener Bereicherung zu unterbinden. Man muss dort satt verdienen, und die Zukunft muss nach der Verrentung abgesichert sein, so dass sich keiner im Amt bereichern muss.

LÖSUNG: Implementierung einer Weltregierung
ZIEL: Eine Initiative einiger großer Staatschefs muss der Anstoß sein, dann werden Berater beauftragt, eine optimale Lösung zu generieren für eine Weltorganisation. Diese neue Organisation erarbeitet dann die Re-

solutionen für die einzelnen auf Weltniveau zu lösenden Themen und überwacht mittels Projetcontrolling
über die nächsten Jahre deren Einhaltung und sanktioniert, wenn sie dazu gezwungen wird.

ZEITRAHMEN: Fünf Jahre bis zur Umsetzung.

BESCHLUSS: Heute und auf Weltebene.

MÖGLICHE MEILENSTEINE: Innerhalb von einem Jahr
sollte die Initiative der z.B. 5 oder 10 größten Staatschefs koordiniert sein. Es ist eine Projektleitung
zu implementieren. Dann ist den Beratern ein Jahr Zeit
zu lassen für die Erstellung von Konzepten. Mittels
Mehrheitsbeschluss – gerne in der UN – wird das Beste
dann ausgesucht (also nicht mehr »ob«, sondern
»wie«) und innerhalb von weiteren 2 Jahren ist dieser
Vorschlag umzusetzen, und anschließend sind die Resolutionen auszuarbeiten.

Pressefreiheit

DIE PRESSEFREIHEIT IST EIN HOHES GUT. Dennoch wird die
Presse weithin von Staaten genutzt, um Propaganda für die
Staatsführung zu machen. Ich schlage vor, dass die wichtigsten staatlichen Sender aller Staaten einer Presseüberwachung zustimmen. Falschmeldungen werden zuerst bei
dem Sender zur Sprache gebracht und es wird die Chance
auf eine Richtigstellung der Informationen eingeräumt.
Ansonsten werden z.B. über Internet Gegendarstellungen
durch die Presseüberwachung publiziert. Die Presse ist im
günstigsten Fall von staatlichen Eigentümern zu entkop-

peln. Viele staatliche Sender halten aber auch das Niveau hoch und achten nicht nur auf Kommerz und Werbezeiten. Eine Eigentümerenteignung würde aus meiner Sicht also zu weit gehen – aber die Wahrheit muss gesagt werden. Der Punkt Pressefreiheit ist in seiner Priorität nicht mit anderen Punkten in diesen Darlegungen vergleichbar. Dennoch ist die Macht der zielgerichteten Propaganda nicht zu unterschätzen. Falsche Informationen führen ganze Nationen auf falsche Wege.

LÖSUNG: Pressefreiheit

ZIEL: Die Weltbevölkerung hat ein Recht auf wahre Informationen, auch und gerade dann, wenn diktatorische Staatschefs die Informationswelt filtern und manipulieren wollen. Es sollte eine Presseüberwachung auf Weltebene geben, die zur Rede stellt und notfalls selber sicherstellt, dass richtige Informationen an die Menschen gelangen.

ZEITRAHMEN: Fünf Jahre bis zur Umsetzung.

BESCHLUSS: Heute und auf Weltebene.

MÖGLICHE MEILENSTEINE: Einrichtung der Presseüberwachung bereits nach einem Jahr. Erfassung der staatlichen TV-Landkarte nach einem weiteren Jahr. Aufbau einer technischen und informationsorientierten Basis zum Abgleich von wahr und falsch nach weiteren drei Jahren.

Der Natur Land zurückgeben

DIE MENSCHEN HABEN IM LAUFE der Jahrtausende die Erde urbar gemacht, besiedelt und bepflanzt. Die Flächen sind versiegelt oder leiden unter Monokultur. Alte Tierarten sind verdrängt. Wir drängen alles zurück, weil wir selber Platz brauchen – wir rotten gezielt aus, was uns bedroht, und darüber hinaus passiert noch weit mehr unbewusst und wird als nebensächlich hingenommen. Wir kritisieren Brasilien und andere Länder, die ihre Urwälder roden, aber auch in anderen Teilen der westlichen Welt ist Vergleichbares hingenommen worden.

Es wäre fair, wenn wir Teile unserer Länder wieder entsiedeln – sie der Natur zurückgeben. Das ist natürlich besonders schwierig und wird sicher am meisten umstritten sein. Was uns direkt z.B. als Europäer betrifft, wird anders wahrgenommen als eine Maßnahme in China. Ich finde es angemessen, wenn wir der Natur 50% unserer Landesflächen zurückgeben. Der Zeithorizont muss hier gewaltig sein und die Ausformulierung des Konzeptes komplex und die Kosten hoch. Aber ist es nicht unsere Aufgabe, nicht nur an uns zu denken? Wir haben uns die Erde dermaßen konsequent nur für uns genommen, dass wir konsequent nun wieder zurückgeben müssen, wenn wir der Natur ein Recht einräumen wollen. Ich halte das Zurückgeben von 50% für angemessen. Eine einfache Zahl – noch viel zu viel für die eine Spezies Mensch, aber im Vergleich zu heute eine klare Verbesserung zu Gunsten der Natur. Meine Forderung also ist, dass wir z.B. in 50 Jahren bezogen auf jedes einzelne Land 50% der Fläche entsiedeln und verwildern lassen – nicht mehr betreten – nicht mehr bejagen oder bebauen, sondern sich selbst überlassen. Neu gebaute Häuser und Fabriken müssen noch rentabel für 50 Jahre nutzbar erhalten werden. Eine weitere Erneuerung muss dann aber entfallen.

LÖSUNG: Landrückgabe an die Natur

ZIEL: Bisher haben die Menschen egoistisch für sich alles Land genommen. Nun sollte man in einer nachhaltigen Welt der Natur 50% innerhalb jeden Landes wieder zurückgeben

ZEITRAHMEN: 50 Jahre bis zur Umsetzung.

BESCHLUSS: Heute und auf Weltebene.

MÖGLICHE MEILENSTEINE: Innerhalb von fünf Jahren ist die Fläche zu definieren, die zurückgegeben wird. Nach 40 Jahren sollten 50% der Bauwerke schon leer stehen.

Bevölkerungswachstum reduzieren

WIR HABEN NUR EINE WELT. Wir können nicht weiterreisen. Wenn wir so weiterwachsen, überlebt wir keine Jahrmillionen mehr. Jetzt sind wir rund 7,5 Mrd. Menschen. Das bisherige Wachstum weitergedacht, wird dazu führen, dass über kurz oder lang die gesamte Erdoberfläche vom Menschen besiedelt ist. Wenn wir neben der Bevölkerungszahl auch die Steigerung der Lebenserwartung hinzuziehen, die aufgrund der stetig verbesserten medizinischen Leistung und der verbesserten Ernährung sowie der Reduzierung von Kriegen immens ansteigen wird auf der Welt, dann ergibt sich ein bedenkliches Szenario. Auch wenn jedes Menschenkind schützenswert ist, so muss doch ein Weltenlenker schauen, was der Erde als solcher noch zumutbar ist. Natürlich kann der Papst nun weiter die Verhütung verbieten oder Menschenrechtsorganisationen das Recht auf Nachwuchs als unantastbar sehen. Aber beides wird irgendwann zu Problemen führen. Der aktuelle Spitzenreiter im Bevölkerungswachstum ist wohl Indien. 2050 rechnet man mit 1,5 Milliarden Indern. Das ist etwa 60 % der Menschen, die 1945 auf der gesamten Welt gelebt haben. Ein verantwortlicher Weltenlenker muss das Bevölkerungswachstum thematisieren können. Vielleicht lässt man die Staaten ihre maximale Anzahl selber setzen in einer Bandbreite von heute ausgehend von bis zu maximal 20% plus? Oder wäre es denkbar, allen Ländern pauschal von heute ausgehend noch 10% Zuwachs erlauben? Die Beschreibung der Situation hat in meinem Text weit länger gedauert als der Lösungsvorschlag. Der kann nur kurz »Stopp« heißen, ggf. wie hier angedeutet mit einer gewissen Bandbreite. Mehr kann man nicht sagen. Stopp. So richten wir uns selber zugrunde – und nebenbei die ganze Erde mit.

Welche Maßnahmen helfen hier? Bildung steht für mich an erster Stelle. Staaten mit hohem Bildungsniveau haben sinkende Geburtenraten. China setzt auf konkrete

Vorgaben für die Anzahl von Kindern pro Paar. Renten-systeme: Wenn Kinder weiterhin in einigen Staaten als Altersabsicherung gesehen werden müssen, dann ist der Kindersegen vorprogrammiert. Kostenlose Verhütung: Ja! In Deutschland gibt es steuerliche Vorteile für Kinder. Aus einigen Gesprächen weiß ich, dass einige wenige Familien, welche sich innerhalb des sozialen Netzes der ARGE befinden, mit vielen Kindern ihren Lebensunterhalt verbessern. Hier muss die Förderung nun umgedreht werden. Wer z.B. mehr Kinder hat, als er selber »ist«, also zwei z.B., sollte in allen Ländern erheblich steuerlich und über die Sozialhilfe benachteiligt sein. Das ist ein sehr heikles Thema, denn das definierte finanzielle Minimum für ein normales Leben kann man nicht einfach unterbieten. Vielleicht kann man hier eine Durchschnittsregelung treffen. Hohe Förderung für ein Kind – durchschnittliche für das zweite Kind – unterdurchschnittliche für das dritte Kind, so dass dann im Durchschnitt über drei noch alles passt.

Weiterhin ist hart an der Besiedlungspolitik zu arbeiten. Es darf keine neuen Baugebiete und keine weitere Besiedlung von unbewohntem Gebiet gestattet werden. Für einige Staaten ist das übermäßige Bevölkerungswachstum bereits ein Problem. Hunger, Arbeitslosigkeit, Fehden und Kriminalität sind die Folgen. Hier ist wohl das größte Problem, wie man Staaten ohne funktionierende Staatsführung in den Griff bekommt. Diese Aufgabe ist zu bewältigen, egal was kommt. So geht es nicht weiter.

LÖSUNG: Bevölkerungswachstum reduzieren

ZIEL: Die von den Menschen dominierte Welt muss sich vor sich selber retten und eine maximale Bevölkerungszahl festlegen für jeden Staat. Steuerpolitik, Schulpflicht, Sozialhilfepolitik, Verhütungsangebote, Kinderquoten pro Familie, Rentenregelungen, Siedlungsende sind mögliche Maßnahmen

ZEITRAHMEN: 30 Jahre bis zur Umsetzung.

BESCHLUSS: Heute und auf Weltebene.

MÖGLICHE MEILENSTEINE: Festlegung der maximalen Bevölkerungszahl pro Land nach bereits einem Jahr, Schulpflicht in zehn Jahren in allen Staaten, steuerliche und sozialpolitische Umlenkung der Gesetze nach fünf Jahren, Zielerreichung nach 20 Jahren prüfen – Erreichen nach 30 Jahren festlegen.

Artensterben

VOR VIELEN JAHREN PACKTE MICH TRAURIGKEIT bei der Nachricht im Fernsehen, dass der letzte chinesische Süßwasser-Delphin vor wenigen Jahren gesichtet wurde und nun als ausgestorben gelten kann. Eine Tierart lebt seit Jahrmillionen im Yangtse, und in wenigen Jahren hat der Mensch es geschafft, den Lebensraum zu zerstören. Es sind zwar schon immer Arten ausgestorben und welche neu dazugekommen. Aber wie die Ressourcen der Öl- oder Kohlevorräte sich langsam aufbauen und wir sie in erdzeitlichen Sekunden verbrauchen, so hat sich Flora und Fauna über Milliarden Jahre entwickelt und eine Gattung, die aus ihrer individuellen Sicht besonders intelligent handelt, der Mensch, hat in wenigen Jahrhunderten – umfangreich und massiv erst seit Jahrzehnten – alles, was stört und gefährlich ist, beseitigt.

Die Gründe dafür sind vielfältig und gehen einher mit dem Bevölkerungswachstum – nur dadurch sind wir den Tieren und Pflanzen zu nahe gekommen und haben viele von ihnen schon ausgerottet. Alle Menschen, die hier schuldig werden im Sinne der Artenreduzierung, sind sich ihrer Schuld nicht oder nur am Rande bewusst. Es ist ja auch keiner allein – es ist die Masse und die Kontinuität.

Der einzelne Mensch kann (und zuweilen sicher auch will) das nicht sehen. Es wird weiter besiedelt. Es muss weiter eingekauft werden, also Palmöl und Soja und Weizen aus Monokulturen zum eigenen Verzehr. Die Volkswirtschaft spricht vom Ausgleich von Angebot und Nachfrage. Alle Menschen wollen essen, heizen und wohnen: also von der Erde nehmen wir uns alles, was wir brauchen – kein Blick in die Zukunft und kein Lernen aus der Vergangenheit – und wenn doch, dann nur mit einer wichtigen menschlichen Eigenschaft: wir können verdrängen …

Wir können die Vergangenheit und Tausende ausgestorbene und aussterbende Arten nur bedauern. Das, was in der Zukunft liegt, können wir jedoch noch beeinflussen.

Es gibt nur zwei wirksame Mittel, das Artensterben zu verhindern: unser Bevölkerungswachstum umzukehren und ganz konkret die Lebensräume an die anderen Arten wieder zurückzugeben. Das wird gestützt durch die Einbeziehung der Interessen der Tiere und Pflanzen in die Politik über die beschriebene Institution in jedem Land mit Vetorechten bei der Gesetzgebung. All diese Punkte wurden im Rahmen dieser Überlegungen schon genannt und bearbeitet. Ich glaube nicht, dass wir über Zoos und Samenbanken für Pflanzen diesem Ausmaß des Artensterbens etwas entgegensetzen können, zumal die meisten Arten nicht aufbewahrt oder in Gehegen gezeigt werden können. Die Insekten und Pilze und Flechten sind für die Welt ebenso wichtig wie die eher sichtbaren Tiere, mit denen besser und plakativer für Tierschutz geworben werden kann wie z.B. Elefanten und Löwen.

Wir müssen den Arten Lebensraum zurückgeben – entsiedeln und verzichten. Es gibt keine andere Alternative.

LÖSUNG: Bevölkerungsreduzierung, Interessen der Tiere und Pflanzen in den Regierungen berücksichtigen und Land an die Tiere und Pflanzen zurück-geben.
ZIEL: Die Mitbewohner der Welt neben den Menschen müssen von den Menschen geschützt werden.
ZEITRAHMEN: Sofort bis 50 Jahre
BESCHLUSS: Weltweit
MÖGLICHE MEILENSTEINE: siehe die anderen drei Punkte

Bewahrung der Meere

DER WELT IST ZU 70 % MIT WELTMEEREN BEDECKT. Die Menschen fischen, was sie können – selbst Verbote werden über »Wissenschaftliche Analysen« umgangen, und Japan jagt weiter Wale. In Costa Rica werden Haie vor der Küste ausgerottet wegen der potenzsteigernden Flosse. Sicher gibt es hier schon wissenschaftlich fundierte Konzepte und Abkommen, was gefangen werden kann und in welchem Umfang. Die Umsetzung muss von der Welt streng beobachtet und sanktioniert werden. Es muss wehtun, wenn man weh tut. Hält sich ein Staat nicht an die Regeln, muss die gesamte Wirtschaft isoliert werden. Wir müssen Fisch fangen dürfen – ja! Aber nur so, dass es nachhaltig auch in fernerer Zukunft noch Fische gibt. Da kann es keine Kompromisse geben.

Neben der Überfischung der Meere stellt die Verschmutzung derselben eine starke Bedrohung dar. Auch hier gibt es viele Analysen, und Organisationen wie u.a. Greenpeace ist zu verdanken, dass sie die globale Aufmerksamkeit auf bestimmte Problembereiche lenken, z.B. auf die Verklappung von Müll. Auch hier müssen immense Strafen verhängt werden für die Auftraggeber der Verklappung, die Reedereien und für die Staaten, in deren Schatten diese Geschäfte gedeihen.

LÖSUNG: Bewahrung der Meere
ZIEL: Bestehende Regelungen mit überproportional schmerzenden Strafen belegen für alle mittelbar und unmittelbar betroffene und zusehende Parteien.

Festlegung einer Weltsprache

ZUR EFFEKTIVEN UMSETZUNG GLOBALER ZIELE, die tatsächlich ausnahmslos alle angehen, legt sich die Forderung nach einer einheitlichen Sprache mehr als nahe. Eine Sprache, die die eine Welt tatsächlich eine Welt werden lässt – die alle verstehen und die alles sagen lässt. Es kann eine Sprache sein, die schon verwendet wird. Es sollte eine einfache Sprache sein, und sie sollte von vielen Staaten schon verwendet werden. Weltsprachen gibt es viele, aber sie muss auch einfach sein. Es liegt auf der Hand, in diesem Zusammenhang an Englisch zu denken, weil es sich weltweit durchgesetzt hat neben den regionalen Sprachen. In 30 Jahren sollten alle die Chance bekommen haben, Englisch zu lernen. Es muss nicht das Niveau von Shakespeare sein. Parallel sollte die regionale oder nationale Sprache gepflegt und gesprochen werden. Das ist Kultur und Heimat und Freude am Reden. Eine Weltsprache ist einfach praktisch.

ZEITRAHMEN: 30 Jahre

BESCHLUSS: Heute und weltweit

MÖGLICHE MEILENSTEINE: Auswahl von Englisch als Weltsprache in fünf Jahren, Englisch als Fremdsprache in zehn Jahren in allen Schulen der Welt als Fach einrichten

Einen weltweiten Infokanal einrichten

WENN WIR GLOBALE THEMEN aufnehmen wollen, dann brauchen wir auch eine weltweite Kommunikation. Wir müssen informieren in allen Sprachen der Welt in Fernsehen, Internet und den sozialen Netzwerken, dem Radio etc., so dass das Problem und Lösungsansätze verstanden und verbreitet werden. Es muss informiert werden zum einen über Absichten, Ziele, gewünschten Auswirkungen – und zum anderen über die Folgen der Untätigkeit. Es müssen Gegendarstellungen gemacht werden dürfen, wenn staatliche Presse falsche Meldungen liefert. Wenn Meldungen einseitig sind, müssen die Menschen ein Gleichgewicht angeboten bekommen. In ihrer Sprache, in ihren Medien, die sie nutzen und verstehen.

LÖSUNG: Weltweiter Infokanal mit regionalem Bezug (Sprache und Inhalt).

ZIEL: Erreichen aller Menschen – auch die in totalitären Staaten

ZEITRAHMEN: Zehn Jahre

BESCHLUSS: Weltweit

Staatenbildung

DIE ENTSCHEIDUNG, WELCHES LAND sich neu konstituieren soll/kann/darf, soll dem Land überlassen werden (Baskenland, Irland …) Es sollte eine Kommission eingerichtet werden, die die Historie beurteilt, ob ein Land auch ein Land früher war. Die Kommission muss unabhängig von dem aktuellen »Mutterland« sein. Es sollte Geld kosten, damit nicht alles ganz einfach ist. Und es sollten 70% in einer Abstimmung für die Schaffung eines Staates sein in drei Abstimmungen mit einem zeitlichen Abstand von jeweils fünf Jahren. Die Größe eines Staates sollte mindestens eine Million Menschen umfassen. Länder, die besetzt sind (z.B. die türkische Hälfte Zyperns), sind zu entmilitarisieren und fünf Jahre ruhen zu lassen. Dann soll die Region selber in einer Wahl entscheiden, zu welchem Staat sie gehören will oder ob ein eigener Staat eine Lösung wäre. Eine Weltbehörde sollte gegründet werden und alle Regionen der Welt durchkämmen nach Problemkandidaten. Es reicht nicht aus, die aktuellen Staaten zu befragen, so würde z.B. Spanien melden »alles ist ok«, aber die weiterhin bestehenden Probleme in Marokko oder im Baskenland nicht thematisieren. Nach einer Abstimmung in der Region sind die Länder neu zu gestalten – oder eben nicht. Anschließend kann die Behörde wieder abgerüstet werden. Die Länderfrage kann nicht alle zwei Jahre neu gestellt und organisiert werden. Das ist ineffizient. Aber nach einem Zeitfenster von 30 Jahren kann so ein Verfahren wiederholt werden – vielleicht lösen sich Grenzen auf oder bilden sich neue Identitäten.

LÖSUNG: Länder mit mehr als einer Mio. Einwohnern sollten sich mittels demokratischer Wahl bilden können
ZIEL: Freie Wahl der Bevölkerung einer Region, zu welchem Land sie gehören wollen.
ZEITRAHMEN: Zehn Jahre nach Einrichtung einer entsprechenden Weltbehörde.
BESCHLUSS: Heute und auf Weltniveau
MÖGLICHE MEILENSTEINE: Sämtliche »möglichen« Länder müssen in fünf Jahren kontaktiert sein und in zehn Jahren abgeschlossen sein

Schuldenhygiene

ES KANN NICHT ERLAUBT WERDEN, dass Politikergenerationen innerhalb ihrer Grenzen (ihrer Wahlperiode) Schulden hinterlassen, die nachfolgende Politiker bzw. Generationen zurückzahlen müssen. Eine Ausnahme bilden Investitionen, die nachweislich mehr Rückfluss an Kapital bieten als das investierte Kapital. Geschenke wie Kinder-, Eltern-, Rentnergelder können nicht über Schulden finanziert werden. Bestehende Überschuldungen sind abzubauen, ohne den Staat an die Grenzen der Belastbarkeit zu führen.

Die Akzeptanz des Instrumentes Verschuldung hat dazu geführt, dass alle Staaten nur noch im Minus sind. Die Funktion eines Dispokredites auf unserem privaten Girokonto ist nicht, dort immer bis an die Grenze ins Minus zu gehen, sondern in Ausnahmefällen oder für Investitionen Geldmittel zur Verfügung zu haben. Viele Menschen (und alle Länder) nutzen die Verschuldungsmöglichkeit, um langfristig über die eigenen Verhältnisse zu leben und Problemlösungen aufzuschieben. Das sollte nicht erlaubt sein. Schuldenaufnahme ist zugunsten der Eigenfinanzierung (durch Steuern) komplett zu beenden. Die Altschulden sind über 50 Jahre mit 2% pro Jahr kontinuierlich abzubauen.

LÖSUNG: Keine Neuaufnahme von Schulden – langfristiger Abbau der Altschulden

ZIEL: Beendigung des Instrumentes »Schulden machen« für den Staat

ZEITRAHMEN: Beendigung der Neuverschuldung sofort – Abbau der Altschulden über 50 Jahre

BESCHLUSS: Heute und auf Weltniveau

MÖGLICHE MEILENSTEINE: Schuldenverbot in zehn Jahren weltweit umgesetzt, Altschulden in 25 Jahren zu 50% reduziert

VIEL ENERGIE AUF DEM WEG ZU VERBESSERUNG der globalen Situation auf verschiedenen Ebenen geht dadurch verloren, dass die gewählten Politiker nicht das umsetzen, was sie den Wählern angekündigt haben. Das wird in allen Ländern belächelt, kritisiert und als normal angesehen. Ich denke, dass man diesem Phänomen eine große Bedeutung beimessen muss, denn es geht dabei so viel Elan verloren, der nützlich wäre, um die Welt wirklich zu verbessern. Die vielen Versprechungen umzusetzen, würde das Ende der Stagnation bedeuten und die Politiker zu einer Wahlhygiene zwingen. Konkret müssten die Politiker auf zwei Seiten schriftlich ihr Programm formulieren. Ein Jahr nach der Wahl und drei Monate vor der folgenden wird eine neutrale Kommission die Erfüllung beurteilen und mit einem Ampelsystem für alle deutlich zeigen, ob die Versprechen eingehalten werden. Diese Funktion muss neutral von einer Weltorganisation durchgeführt werden, um Manipulationen zu verhindern. Die Wähler und insbesondere die Gegenparteien können diese Ampelauswertung dann nutzen. Es hat Auswirkungen auf die Aussprache von Versprechen allgemein und auf die Intensität der Anstrengung nach der Regierungsübernahme.

LÖSUNG: Ampelsystem zur Beurteilung der Einhaltung von Wahlversprechen
ZIEL: Einrichtung einer Weltorganisation zur Überwachung der Wahlversprechen

ZEITRAHMEN: 7-10 Jahre nach Einführung der Weltorganisation

BESCHLUSS: Weltniveau

MÖGLICHE MEILENSTEINE: Einrichtung der Organisation in zwei Jahren – erster Bericht über das Niveau der Einhaltung der Versprechen in fünf Jahren

Lösungen für die Problematik Kernenergie und Atombomben

DIE IDEE DER KERNENERGIE war von Beginn an eher von kriegerischer Absicht getragen – die Nutzung als Energiequelle folgte und war vielversprechend. Tatsächlich ist der Beitrag an CO_2-Reduktion immens, aber die Technik ist nicht zu 100% kontrollierbar, und im Falle eines Unfalls sind die Auswirkungen zu gravierend. Aus Sicht der Welt glaube ich allerdings, dass eine Umstellung der Energieversorgung zu 100% auf Kernenergie z.B. ab den 90er Jahren die Welt sehr viel besser gemacht hätte mit Blick auf den Klimawandel. Aber diese Energienutzung hat selbst ohne Havarien Hinterlassenschaften, die noch Jahrtausende strahlen, und da muss es bessere und weniger gefährliche Lösungen geben. Parallel zur Nutzung der Sonnenenergie sollte die Kernenergie zurückgebaut werden und mitsamt der Atombomben in alten Bergwerken 1000 Meter unter der Erde verschlossen werden. Diese Technologie ist zu gefährlich.

LÖSUNG: Mit dem Ausbau der Sonnenenergie vollstän-
dig rückbauen

ZIEL: keine Kernenergie und keine Atombomben mehr

ZEITRAHMEN: 30 Jahre

BESCHLUSS: Weltniveau

MÖGLICHE MEILENSTEINE: Ende der Nutzung in 30 Jahren und Abschluss des sicheren Verschlusses in 50 Jahren

3 | HANDLUNGSOPTIONEN FÜR JEDERMANN – WAS KANN WER TUN?

DAS WICHTIGE AN DIESEN AUSFÜHRUNGEN ist nicht die Liste der Ideen. All das ist nichts Unbekanntes. Aber vielleicht könnten die hier dargebotenen Überlegungen einen Dominoeffekt auslösen. Vielleicht (und das wäre das Ziel des Autors) passiert endlich etwas. Vielleicht gefallen die Ideen einer Person, die junge Menschen ausbildet, und diese erzählt davon. Vielleicht kennt einer jemanden, der oder die für eine Zeitung arbeitet, und man schreibt darüber. Vielleicht bestehen Beziehungen zu jemandem, der politisch aktiv ist, und man spricht auf Parteitagen mal über wirklich wichtige Themen und nicht lediglich über das Personalkarussell und Koalitionen und politische Kleinigkeiten wie eine Maut für PKW oder ähnliches.

Beginnen wir die Diskussion über die wichtigen Themen – erst dann kann unsere Generation sich zurücklehnen.

Wir kümmern uns zu wenig um die Erde – zerstören, besiedeln, verschmutzen ohne Rücksicht auf die nachfolgenden Generationen und haben kein schlechtes Gewissen dabei. Die Situation ist anders als z.B. vor 80 Jahren, als Deutschland die Finger zu den Nachbarn ausstreckte. Und als der Diktator an der Macht war, musste man Angst um sein Leben haben, wenn man etwas gegen das Regime sagte. Jetzt kann man etwas sagen, und man kann etwas tun. Aber es reicht nicht, etwas Energie zu sparen oder selber nur ein Kind zu haben. Wir müssen an die Weltführer vordringen und ihnen ins Gewissen reden. Wer kann es schaffen, bei Angela Merkel Gehör zu finden? Sie ist doch stark und erfolgreich, und ich glaube fest daran, dass sie im Herzen gut ist. Auch glaube ich das über den früheren Präsidenten der USA Barak Obama. Das ist doch ein guter Mensch. Man kann über alle, die etwas tun, lamentieren. Aber das sind doch keine Despoten oder Verrückte oder unintelligente Menschen. Ich schreibe genau diese Zeilen gerade in Ufa im Ural. Die Menschen, die ich hier spreche, sind begeistert von Putin. Ich kann mir gut vorstellen, dass auch Putin mitmachen würde, auch wenn der Reichtum des Landes z.B. sehr von Rohstoff-lieferungen abhängt. In einem Song von Sting heißt es: »Believe me when I say to you – I hope the Russians love their children too«. Es geht nicht darum, diesen Menschen vom Artensterben und von den Weltenergieproblemen vorzujammern. Darum wissen die Experten besser als wir alle. Es geht darum, sie zum Tun zu bewegen. Sich gegenseitig anzurufen – einen Termin zu vereinbaren für das

Wichtige auf der Welt – Geld mitzubringen, um Berater engagieren zu können, und sich dann in einem Jahr mit den erarbeiteten Konzepten auseinanderzusetzen.

Ja – wir müssen Menschen finden auf höchster Position – Sponsoren – Weltführer. Und es müssen dabei sein die Chefs aus den USA, aus Russland, aus China weil sie die wichtigsten und größten Länder der Welt sind. Aber es müssen auch einige Chefs aus Afrika, Europa, Lateinamerika, Fernost, Australien, von den Inselstaaten aus der Karibik oder aus den arabischen Ländern mit dabei sein. Nicht unbedingt den Chef der EU, weil er keine ausreichende Macht erhalten hat von den Mitgliedsstaaten. Ich glaube, in einem zweiten Termin sollten weitere Staaten eingeladen werden, um die Idee auszurollen. Also der Nukleus aus drei oder vier Chefs, die dann wiederum Überzeugungsarbeit leisten bei anderen und im Schneeballsystem alle erreichen. Sicher gibt es Staaten, die sich einer Beteiligung verweigern werden, das ist absehbar. Aber man muss es versuchen. Und über die Infokanäle, die auch dort installiert werden müssen, sind die Menschen unter Diktatoren anzusprechen und über Sachverhalte zu informieren, die unzweifelhaft sind. Vielleicht finden wir einen Hauptsponsor, dem die Welt vertrauen könnte? Einen Projektleiter im Stil von Al Gore? Eine Person, der man glaubhaft abnimmt, reine Weltinteressen vertreten zu können. Diese Aufgabe ist durch die Weltführer zu lösen. Vielleicht setzt ein Weltkonzern seine Mittel und Wege ein, die Welt zu verändern?

Lassen Sie uns wählen – neue Parteien gründen – schreiben und diskutieren – die Studenten informieren in allen Ländern – das Internet nutzen, Google gewinnen, den Papst bitten mitzumachen, alle Sänger der Welt bitten, mal ein Lied über diese Probleme zu schreiben, statt weitere zehn Lieder über die Liebe – die Milliardäre anregen, etwas unfassbar Wichtiges anzufangen mit der Macht, die hinter dem Geld steckt. Die Wissenschaftler an-sprechen, ob sie neben den Detailforschungen über die Ohrmuskulatur oder die korrekte juristische Vertrags-gestaltung sich auch einmal nur auf die Welt konzentrieren können. Sich hinsetzen und ihren wachen Geist auf die Welt richten. Mit dem Nachbarn reden, der vielleicht älter ist und die Dinge nicht versteht, wie sie gemeint sind und sich unbehaglich fühlt. Die Künstler und Literaten könnten das Thema behandeln und Lehrer mit ihren Schülern reden und Schüler mit ihren Lehrern, wenn diese nicht selber auf die Idee kommen. Jeder kann etwas tun. Ich habe geschrieben und erzähle meinen Studenten aus allen Ländern darüber. Ich kenne leider Angela Merkel nicht. Vielleicht Sie? Dann sprechen Sie sie an oder Bekannte von Bekannten von ihr. Die Welt kann man nur mit Taten retten. Lasst uns etwas tun – jeder was er kann. Es geht um nicht mehr oder weniger als die Zukunft unserer einzigen Welt. Wer das versteht, möge bitte nun beginnen. Vielleicht mit nur ein paar Prozent der eigenen Kraft. Vielleicht mit voller Wucht.

Die Welt und die Titanic … der Vergleich hinkt, das ist klar, denn es wird mit der Welt keine Kollision mit einem Eisberg geben, der dann das Schiff zum Sinken bringt. Wir haben jetzt schon ein wenig Schieflage, weil die Artenvielfalt bereits schwindet und die Sommer bereits jetzt Rekordhitze seit Beginn der Wetteraufzeichnung 1881 bringen. Und es wird kein richtiges Sinken der Welt geben, weil andere Lebensformen entstehen werden für Mensch und Tier und trotz Atombomben und zerstörtem Regenwald die Welt »irgendwie« weiterleben wird. Der Vergleich hinkt also – aber dennoch kann man Vergleiche ziehen.

Es gab eine Phase auf der Titanic, wo keiner eine Gefahr gewittert hat. Der Kurs stand schon auf Kollision, aber es war keinem erkennbar – keiner hat die Gefahr gesehen. Dann folgte die Phase der Erkenntnis der Gefahr. Einzelne Experten warnten vor Eisbergen – die Party ging weiter, und der Kapitän reagierte nicht. Das ist analog betrachtet die Phase, in der sich die Welt derzeit befindet. Die Warnungen sind schon so bekannt, dass fast jeder gebildete Mensch auf der Welt alle Gefahren bereits kennt – selbst alle Kapitäne. Aufgrund der großen Weltparty und da wir keine passende Organisation haben, greift jedoch kein Kapitän mutig zum Ruder und reißt es herum. Es macht national zugegeben auch keinen Sinn. Die Sonnenkollektoren und Windräder sind zwar schön, aber sie sind keinesfalls geeignet, auch nur eines der o.g. Probleme im Geringsten zu lösen. Die nächste Phase ist auf der Titanic die Phase des beginnenden Schreckens und der einsetzenden Klarsicht – das Ende gerät plötzlich in das Bewusstsein sowie die Erkenntnis, dass der Untergang unausweichlich sein wird. Diese Phase wird auf der Welt anders aussehen, weil wir keinen plötzlichen Tod haben. Es wird nur traurige Änderungen geben, die als nicht derart dramatisch wahrgenommen werden, weil die Menschen nur etwa 80 Jahre alt werden und somit keinen Vergleich zu den schöneren Zeiten haben. So wie wir die Lüneburger heute nur als Heide kennen – zufrieden damit – und die davor befindlichen Wälder an dieser Stelle nicht vermissen, die dem Schiffbau in Hamburg zum Opfer fielen. Die Änderungen werden aber unser Leben in Frage stellen. Kleine Auswirkungen wie die Überflutung von New York, Bangladesch und Venedig sind genauso zu verzeichnen wie Kriege um Wasser und Nahrung. Große Katastrophen sind meiner Meinung nach noch gar nicht abschätzbar, aber werden kommen – wie das Zusammenbrechen der Meeresströme oder das Aussterben einzelner für den Menschen und die Natur unverzichtbarer Tierarten. Dann kommt die Phase der unvermeidbaren Kollision – alle Auswirkungen brechen auf uns herein. Wasser und Nahrungsmangel, Mord und Todschlag, Panik und der Unverständnis zeigende Blick in die Vergangenheit. Warum haben die Menschen vor 200 Jahren oder vor 100 Jahren (also wir) das Ruder nicht herumgerissen? Wenn man heute die Zeit des Nationalsozialismus in Deutschland betrachtet, dann stellen viele dieselbe Frage. Und im Blick auf vorherige Generationen werden sich die zukünftigen fragen: Warum hat man es nicht geschafft, eine Weltorganisation auszugestalten, die die wichtigen Weltthemen bearbeitet? Wie die Phasen aussehen werden, ohne dass bald etwas passiert, mag ich nicht abzuschätzen. Ich bitte die großen Kapitäne, wer immer dies sein könnte, in Erwägung zu ziehen, unabhängige Berater zu bestellen, die sich des Themas annehmen. Vielleicht kann das auch ein superreicher Einzelmensch tun?

ZUSAMMENFASSUNG:

Die Welt steht seit Jahrhunderten unter dem uneingeschränkt mächtigen Einfluss der Menschen in allen Dimensionen und Regionen. Zu hohe Bevölkerungsdichte, Verschmutzung, Artensterben und Klimawandel sind nur einige der Gründe und gleichzeitig Auswirkungen für den negativen Wandel der Welt. Diese Überlegungen an dieser Stelle oder tausend andere Initiativen könnten ein Impuls sein für die Regierungen der Welt, sich organisatorisch neu aufzustellen. Angefangen von ganz oben müssten sich die höchsten Weltlenker auf die wichtigen Themen konzentrieren und die Organisation der Welt – basierend auf Demokratie – ändern. Themen wie Energiepolitik, Angriffspolitik, Bevölkerungswachstum, Informationspolitik, Sanktionspolitik, Entsiedlungspolitik, Sauberkeit müssen auf ein demokratisches Weltniveau gehoben werden. Parallel müssten in den Nationen Tier-und-Pflanzen-Institutionen eingerichtet werden, die Politik mit Veto-

rechten verhindern können, wenn die o.g. Politik-
gebiete mit Weltrelevanz nicht beachtet werden. Ganz
konkret ist heute das Ruder herumzureißen – in den
nächsten 50 Jahren ist der Riesentanker Welt dann auf
den neuen Kurs zu bringen, um dann anschließend
die Erfolge zu ernten.

Wenn **SIE** die Dinge genauso sehen wie ich, dann
organisieren Sie bitte einen Termin mit den Ihnen bekannten hochgestellten Politikern – alleine oder gerne
mit mir – und lassen Sie uns beginnen ...

1 | INTRODUCTION

1.1 | IF WE WERE THE RULERS OF THE WORLD ...

WHAT WOULD WE ALL BE ABLE TO DO THEN? Enjoy, save and bring peace to the world ... but are we not the rulers? Have we not assumed power over land and water, beast and man? Yes! Of course!

I claim that the issue being addressed here is entirely the most important one. It is about the greatest thing that we as people can influence: the world and its protection and salvation. The world is far more important than we as individuals, as an animal species, a country, a scientific subject, an invention, a biography or as a beautiful story. This is the most important issue because it is about saving the only planet we have: the Earth. We have to deal with how to save it and who can save it, so that those generations that come after us can still inhabit an Earth worth living on.

The present world is divided among people for its resources, land, legal areas, and even those who have played the role of' opponents' in this round of world rulers, are also people who are committed to environmental protection or biodiversity. We have long since conquered the animals as possible competitors for the control of the earth.

Who could dispute our leadership role? Hardly anybody would question that neither a deity nor an extraterrestrial being, if such existed, could have the influence that man currently has in our world. No matter where you look, the influence of man is clearly visible. Man undoubtedly dominates the world, and more or less comprehensively.

The purpose for writing about this is precisely the following point: we must understand that we hold the world in our hands – and therefore have the sole and immeasurably great responsibility for our actions in the world and must cease to exploit it. So, what should be done? As always, when problems are to be solved, this means that we must sharpen our eyesight, analyze, plan and implement plans.

There are already many such plans; politicians discuss them and others are implementing initiatives of various kinds. But it cannot be done with mere fig leaf measures or those which are only partial or are regionally limited.

Energy saving already plays an important role in Germany, whether it's in the private sector when choosing a light source, or with road traffic. Of course, it's good to use energy sparingly, although the effects of such measures are hardly noticeable. However, the exaltation energy savers have can be enormous. At the end of each legislative period, policy-makers also always reach their energy-saving targets.

In fact, this means that the demand for correct, fully-effective measures remains on a too low level, just as their implementation does. The energy supply would last only a little longer because of energy-saving, while the energy reserves will melt away to nothing in e.g. 504 years instead of e.g. 500, just as it is happening with the ice at the poles. Energy saving is certainly a laudable idea, but unfortunately leads to the opposite of the desired outcome. Energy saving simply prevents a real, effective and sustainable energy turnaround from being put into effect.

A student at the University of Applied Sciences, Dortmund, has written about these points in his thesis and notes that there is an interest in taking steps of energy saving and also in actual steps being taken. But they are only minimal steps really, which above all soothe and prevent real concern or further reflection on the needed facts in question. This student brings up Leon Festinger's cognitive dissonance theory in order to explain that with simultaneous awareness of the problem as such, there is an effort toward self-pacification. According to this theory, different directions / desires / behaviours / problems / decisions (so-called cognitions) are attempted to find a solution for concrete action. These relationships between different alternatives can be dissonances or consonances. Consonances are positive conditional cognitions (e.g., I want to get fresh air and have to go shopping anyway). Dissonances are negative cognitions which influence one another, such as »I want to eat chips« (delicious) or »I would rather not« (I'll become fat). The more significant the cognitions are, the higher the dissonance.

One can observe that man tries to gain a balance in such trade-offs, for example, by referring to the rich nutrient content of beer (positive cognition is added), or to the fact that the renouncement of beer leads to fewer friends (subtraction of dissonant cognitions) or that consumption of beer does not directly lead to an increase in weight, but rather one may even help protect the rainforest by this action like it is mentioned in a German beer marketing campaign (substitution of dissonant for consonant cognitions).

This theory applied to energy saving means that the attitude of the human being is roughly conceivable as: »On the one hand I need energy (heating, car, electricity …), but on the other hand, I destroy the environment. If I need a car now and own it, but it turns off automatically at the traffic lights, then I am, despite everything, a good citizen and an energy saver. When I use energy saving lamps in addition, I have done everything I need to, especially when I see that my country produces a lot of renewable energy. Here everything is clean.«

This is supported by politics and the economy. Summarizing this in one sentence: the practice of energy saving hinders the search for a better energy supply. It acts as a positive cognition and leads us to continue emitting CO_2 year after year. The change in energy resources is just one example of our problems in the world. In chapter 2.2 altogether 15 will be described.

1.2 | WHO CAN BRING ABOUT THE TURNAROUND?

THE INTEREST OF DICTATORS IS DIRECTED towards their own well-being, power and its retention. Looking at the importance of dealing with global problems is not to be expected of them.

SCIENTISTS have long been working on concepts of sustainability, species protection, energy saving, population growth projections, or tidal power plants. The main problem, however, is that the individual ideas have not yet begun to initiate the turnaround. With their knowledge and concepts, scientists are asked when the goals that have been set will be achieved, to give up on fossil fuels in 20 years' time for example. There is no scientific concept for saving the world from destruction by its inhabitants. It is my conviction that the solution should be looked for in the areas of contract design, organization, project management and change management. From my point of view, these are areas dealing with business administration. We need to approach the preservation of the earth with a corporate restructuring. This of course, will not happen without, for example, political scientists, lawyers, psychologists, and all those who can make their own specific contribution. Here I am trying to do my part as a former leader of companies and at present as professor.

CITIZENS WITH THE RIGHT TO VOTE IN A COUNTRY are the basis of power in democratic states. Therefore, it would be necessary to convince all of them that sustainability is necessary for the survival of the earth – so they choose the »right« parties, and could thereby launch the project in the right direction. Unfortunately, this does not work as the majority of voters obviously does not have such foresight. In some states, it is about pure survival. Who can reproach these voters if the noble objective of the world's salvation does not play such a great role? But even in highly developed democracies without specific needs, a large section of the population is immune to politics and another section is only interested in its own affairs. Those who are committed to the protection of the earth, for example the Green Party in Germany, are likely to be chosen only by marginal groups. They are now more adapted to the world of politics, dressed in suits and ties, after their early more revolutionary methods. This is not a reproach to the Green Party itself, but rather to their voters, who in my view do not encourage the right direction to be followed and will let this party disappear from the scene if it does not adapt and change. In brief: democracy and its voters do not seem suitable for the radical change required in the world, even if democracy is otherwise the only valid concept when it comes to governing a state. Although we have more and more democratic states in the world it seems not to help saving the world.

THE LEADERS OF THE GOVERNMENTS of the world are powerful and strong. In fact, only in this group I see an initial spark of action that might be effective. However, the current organization of the world into countries and governments is no longer appropriate for the world as a whole. The countries and their heads of government still can manage around 80% of the country's problems on their own, but this national view does not help to defend a country against enemies or fight environmental pollution. We will return to this subject later. For now, we must deal with the facts we have: governments lead some 200 countries. Nobody expects a solution to global problems from the government of a poor country, shaken by crises. A single region will of course not manage it either and especially not a single leader. Because if a persistent pursuit of sustainable targets is achieved in a country, this country alone will immediately be out of all markets for a variety of reasons (increased energy and environmental costs, lack of comprehension for the need to decelerate population growth, etc.). The collective can, by definition, only be the world as a whole, so it is indispensable to know that all the heads of governments are on board.

That this condition cannot be achieved immediately and in one stroke is probably clear to everyone; there must be stages. For me, the initiative can only begin with one or more heads of government of the most developed and largest states in the world. I imagine that Merkel or Putin, or anyone who has a powerful voice would be able to begin internal coordination with other government heads. The initiative of individual state leaders in liaison with one another, could develop such a great movement if all would only contribute to it. I can see it happening as easily as it sounds. These leaders would meet and bring along a few million. With this money, consultants are commissioned to develop concepts. This would be very hard work to do for some government employees, for a few weeks or months, and a few days of conference would be carried out by the heads of government using a recognized team of moderators. Done. A year later, they would meet again and the results would be presented. In the meantime, each of the heads of government involved would makes some phone calls to other heads of government and try to persuade them to put together a larger, ultimately world-wide framework.

> **SUMMARY:** Powerful government heads need to do it! Initiative, conception, expansion – right up to implementation.

I meat **CONSULTANTS** often in my professional career. They appear to be mildly arrogant when viewed at a distance, but up close they are consistently oriented towards their own individual goals and those of the company, and to comprehensively solving every problem, at least theoretically. I trust politicians to communicate and do PR, but to develop new solutions toward the end of creating a new world organization is a job for experts, in other words the large consulting firms. And because there may be a lot of meaningful ways to go about this and the topic is so important, the five biggest consultant firms should be called together and given the same task: to design a viable concept to protect the world consistently from now on.

INDIVIDUALS could bring about change. Dan Brown's book »Inferno« describes overpopulation as the central problem of mankind. The rich and intelligent villain of the book wants to diminish mankind using a global plague epidemic. The good guys fight to prevent that. Ultimately, the strange turn of events is that they cannot stop the evil event from happening, although this does not cause the plague, rather a lasting and proportionate sterility into humanity. The good guys then accept it gladly because it counteracts the problem of overpopulation forever. The book is full of interesting research and ideas on the subject, but nevertheless it remains unrealistic. One thing is clear though: only through the commitment of people will it be possible to save the world. Individuals look to the future, and individuals will at some time bring about the change – hopefully not before the level of suffering has become too high.

WE HAVE DEVELOPED A HIGH LEVEL OF AWARENESS, but a low personal concern for the problems of the world. Almost all educated people know about the dangers of climate change and overpopulation. But why do we not feel personally affected? Is it just the thought that it will have real effects only on subsequent generations, and that it must therefore be them who will deal with it?

Of course, as we all know, economic factors are decisive. Disposal is cheaper if we simply dump the waste into the oceans, and whoever has natural resources wants to sell them.

But it is also because everything that is very close to you is perceived as much more intense than that which surrounds us or even at a remote distance. For example, if you take your own house, how it looks, who lives in it and what happens to it is naturally important to you. The interest one has in one's own city is already somewhat reduced and distant. One identifies still with one's own country, with the continent less and as a world citizen one feels very little. In order to move things forward, one must set goals, seek information, carry out analyses, make decisions, initiate actions, control and direct the implementation and correct course if necessary, in order to achieve set goals. These steps are worked through completely for oneself (for example working on one's own career, or building a house). For one's own country, perhaps one would take the first steps of discussing objectives, of informing oneself, and if necessary, to analyze whether it makes sense to participate in an election about the decision. After an election, 99% of all citizens of a country finish to contribute. You might watch the politicians but do nothing more. Setting an objective for the world as a whole would prove to be difficult. Who already has goals for the world? Only very few have information about the impact of our actions on the whole earth. Only scientists and environmental organizations analyze comprehensively and take selective, but very promising actions.

THOUSANDS OF YEARS AGO (Phase 1), there were only single tribes of people who neither had an understanding of the concept »world«, nor did they need it. These tribes lived in their own territories and defended against other hostile tribes.

PHASE 1: Tribes live side by side in territories without state leadership

States slowly formed from the peaceful union of tribes as well as the hostile subjugation of neighbors. State formations of different tribes grew (Phase 2). The states organized themselves within the borders, defending themselves externally, or trying to expand militarily or through alliances. Finally, the entire world was divided into countries led by kings and tribal chieftains. Through wars and colonialism, the boundaries only shifted – the system as such remained.

PHASE 2: The entire world is divided into countries with borders, and the countries are run by individuals

After phase 2 all further states are distinguished only by the change in the leader. Whether or not the country's borders are shifted does not matter. After many centuries, democratization began in a way that large numbers of subjected people surrendered to the small number of persons/families with leadership privileges. Many states have not yet been affected by democratization, but I think we can call it a »natural law« that all members of a country also play an active part to some extent in the direction of the state. The first form of democracy – this aspect will play a role in the further progression of this discussion – were the democracies supported by the males of the country.

PHASE 3: The countries are (largely) transformed into democracies, led by the males of the country

A further generally observed development (Phase 4) was that women had now begun to take part in parliaments. After the formerly enslaved men of the country were able to vote, women had also risen and the way to participation in parliaments had been opened for them too.

PHASE 4: Women enter the parliaments of democracies on an equal basis

One can therefore observe that oppressed people were looking for a way to participate in the policies of their countries. Gradually, the leadership was diversified, and after the women's entry into parliaments, a final stage seems to be reached.

It is now becoming clearer that not only men and women in states should be in charge, but that plants and animals should also have a »voice«. But there will never be uprisings or revolts. Fauna and flora cannot present themselves according to our standards and articulate themselves politically. We the people must therefore ourselves create institutions or »electors« for their protection. Phase 5, which would now encompass all living things and all countries of the earth, would also have to focus on the protection of animals and plants. This is my target for the future governments of countries: the protection of species and the protection of the world must be an indispensable part of the policy for all institutions run by human beings.

PHASE 5 (= Target): Animals and plants are involved in democracy via human-led institutions

How such participation would be conceivable is described below. Here it is not the point at issue which topics need to be solved (aggression and environmental policies for example). In chapter 2.2 I propose to change them from being national responsibilities and to solve them instead at world level. This chapter is about future democracies, which will naturally continue to exist nationally, and their enrichment of a broader point of view which encompasses animals and plants. Since it is clear that some policy areas for animals and plants are not interesting (the amount of VAT or the introduction of the car toll), I would not change the parliaments further. This would also have the advantage of easier introduction (since there would be little change). Instead, I would introduce a »veto point« for world politics. This would test laws in terms of species protection, population growth, environmental protection, etc. and identify hazards. The politicians with their legislation-draft would have the opportunity to discuss and negotiate these dangers in advance with the institution. If this is not successful, the institution would then have a right of veto, which would continue until the law is »world-compliant«. The institution would be managed by a central world organization and thus retains its sovereignty over national governments. A court of justice for disputes should also be introduced at world level. The country is thus managed in the form of a matrix – a purely national component and a centrally controlled world component. The laws that must thereby be implemented for the governing of this world are introduced through their national institutions. Specific problems and their solutions can be found in chapter 2.2.

So only one thing can really be of help: we have to set goals for the »world« level, to delegate power upwards only for global issues, to make plans that are then implemented and controlled peacefully and powerfully.

THE FOLLOWING CHAPTERS DESCRIBE areas where the world can and must take care of itself sustainably and rationally. It should not be forgotten that large steps have already been taken. The introduction of democracy in a large part of the approximately 200 countries of the earth is already an immense step worth noting. If, however, mankind thinks only in the short term, the important problems will not be addressed by democracy either. Short-term issues are analyzed on television or in parliament, for instance to determine whether childcare allowance is set up or not, or whether the tax rate will be raised from X to X + 1, etc. Politics, people and the press reflect what people are currently interested in: short-term issues, urgent topics, interesting topics, nice subjects, in other words: issues that are currently having an impact. But long term and really important issues are usually only rarely to be found.

The comprehensive education of mankind is also immensely important in this context. The number of countries without an education system is declining and the proportion of educated people in the population as a whole is increasing. Even in former emerging economies, education has now become indispensable. Most of us are informed about the problems of the world and try to help the next generation to work on these problems in some way. Another part of mankind, however, should think in a broader context and initiate actions that make a sustainable effort to ensure that all habitats and cohabitants (animals, plants and humans) continue to have a place on earth in the future. This group must be comprised of politicians, scientists, entrepreneurs, and of groups that understand, guide and act. Politicians, scientists, and entrepreneurs are certainly there, but most of these groups are thinking about the next election, the next revenue forecast, or the next scientific publication. To bring about a change, it is not enough for individual persons from the three above-mentioned groups to raise a finger in warning. The changes towards sustainability must occur at a grass roots level, i.e. among the general population, and thus exert sufficient pressure on the three groups mentioned. However, education in this area is necessary and public work that demonstrates solutions. What is missing for us is a) more education, b) determined leaders of the world and then c) consistent action.

The following chapters are based on records from the past ten years. I forcibly refrain from a systematic structure, a scientific approach or even exhaustively naming all issues.

2 | WHAT MEASURES WOULD YOU IMPLEMENT AS »RULER OF THE WORLD«?

2.1 | GENERAL SUGGESTIONS FOR THE PROCEDURE

Basic principles of a world leadership

THE FOLLOWING SUGGESTIONS FOR SOLUTIONS are presented for some current and future problems. But what are the principles of these proposals? These principles are easy to derive from our own lives. Do unto others as you would have others do unto you! This rule helps immensely. Everyone has to take care of their own problems in agreement with others, at least they should do. This includes a mutual »live and let live« principal, such as preventing the exploitation of nature and the environment. This should characterize our behavior as a whole and on a sustainable basis.

If one dislikes these and similar principle rules, one will not find any joy in the following explanations for they will be restrictive.

PRINCIPLE NUMBER 1: We can no longer dispose of waste on our neighbors' land, no longer eradicate our neighbors, no longer use more material that can in the same time be renewed.

Organisational limitations

IN MY VIEW, SYSTEMS OF DEMOCRACY, competition, consumption or general development are indisputably the way forward. However, there are dictators and dependent economic systems that want to stick to the past. Also, this might be part of the freedom and tolerance of a democratic state. If for example the activities of whaling or waste dumping in the sea are accepted by the majority of the voters, this will be democratically established and will certainly make sense for the individual state. But if one is the leader of the world, then one can show no tolerance for the regular use of atomic bombs or the dumping of waste in the sea. The principles of freedom must not harm anyone. My professor of economic policy during my studies in Dortmund insisted upon his point of view that the »wise dictator« was the best solution for the world. I agree with him to the extent that it works, but would his successor be wise? Or the third dictator in succession? Just as communism is an ingenious model that does not work with us humans, I think that only democracies can go the right direction: free, equal, sustainable (not yet unfortunately), welfare and future oriented.

The organizational tool of »democracy« is exercised in traditional structures in individual countries. In the past the horizons were more limited, but today we all feel closer to each other, the infrastructure, problems, and opportunities for action have all become global. However, organizational structures are still oriented to a national level. The UN is heading in the right direction, but is perhaps on the third of around 20 potential steps: so sustainable world policy in the really important areas in combination with assertiveness is still missing. Also, the EU remains half-way through the process; no one wants to let go of their individual influence completely.

Looking at topics such as »taxes« and »education«, harmonization may be useful, but competition is probably even more workable. Is the neighboring country able to cope with lower taxes and still provide a perfect infrastructure? Why not allow competition in the tax systems of countries? Why not allow competition in education? Competition (and at the same time freedom) of systems, business, workers and religion is an optimal solution. For this, national boundaries need not be crossed.

But issues such as global warming, environmental pollution, exploitation of resources or the destruction of species are global issues. They concern only one »organizational unit«: the world as a whole. Our waste, which we deposit on our neighbors' land, is returned to us – either by way of them throwing it back in our direction, or in the case of exhaust fumes, they blow around the world and come back to haunt us. We all know this, only the effects are so small that no serious action is pushed as yet. We have to act! What would have become of Hitler's Germany if the Allies had not intervened? Why is the US still militarily intervening today? Because it assumes responsibility for the world, and there is no globally functioning organizational unit for world peace. I believe the US role in world peace is not to be underestimated. Of course, this US policy is also used to support self-interest (oil?) or to distract from domestic political problems.

In short: any of the following points and problems requires global solutions. Some things can be sorted out at home, while others must be solved bilaterally or multilaterally in the neighborhood at large. And for some wider issues you will certainly need a mayor with strength and who can take responsibility for the whole.

PRINCIPLE NUMBER 2: The world powers should agree on a meaningful organization: Global issues need to be solved globally. Environmental protection, world peace, protection of biodiversity must be handled and solved globally at a binding and responsible level.

Focus on what is important

MANAGERS AND POLITICIANS TEND TO PROCESS the most urgent topics. What does the press write about me? Great attention to that! Where is the crisis? This is what must be taken care of! Which elections are in front of me? This is in the foreground!

Instead of constantly solving urgent problems (Ukraine, Greece …), the leaders of the world powers should be guided by important things. Eisenhower had already recognized this and Stephen Covey developed it further. I will briefly summarize Eisenhower as follows: managers, companies, politicians and leaders and all other ordinary people who want to get their lives under control: deal only with the most important things and do so carefully, then everything will turn out fine. No time should be wasted with unimportant things. The unimportant things should be delegated if possible or omitted completely. And do the important things early enough so they won't become urgent.

Instead of this approach, urgency is often celebrated by waiting until known issues become a problem. For example, why do we wait for an energy revolution, when we know that in around 300 years there will not be a drop of oil left and even the coal will be consumed? And if it is not 300 years, then maybe it will be 500. The point is that they are finite, and it is important to solve these problems now, not when our grandchildren are in climatic distress because we have lived lavishly without fully using our technical, scientific, logical and political capabilities. It is highly important for the world to choose the issues that must be addressed and that would bestow a high regard upon us from the point of view of our grandchildren. So far, the world's elite has been concerned with those things that a secondary level of leadership should do: solving crises, creating laws, holding official welcomes and so forth.

> **PRINCIPLE NUMBER 3:** The world's elite has to be concerned with important and sustainable matters, such as the fundamental organization of the world and the solution of multi-generation problems.

The time frame of a decision

IT'S EASY TO MAKE DEMANDS and to expect implementation »immediately«. But let's be honest, how can we end every war immediately and restore every river? Compliance and implementation usually take time. This is absolutely necessary. A second reason for the time delay is our own inadequacy. Who is already in the position to assert politically that gasoline must be dispensed immediately? But if we have more realistic deadlines in mind, it is likely that the decision makers are more willing to say »yes«, perhaps because the problem will then be passed on to the next generation. The time lag between decision-making and implementation is one of the most important aspects of problem-solving. One should not discuss the irrefutable necessities, rather the period of time for implementation. The Kyoto agreement was not entirely misguided in this regard (setting long-term goals, otherwise unenforceable), but it was not consistent enough in terms of content, and perhaps set too short a time frame. Better to solve the problem completely in 50 years' time (and only »completely« is the right solution) than to decide to do so after about 20 years, when we are now still using such large amounts of CO_2-containing fuels. The negotiation should not be conducted about the solution itself (which is always simple and clear, see next chapter), but on the subject of time. It would be better to add a decade and then reach a consequent solution of the issue. A third reason for the time delay is the duration of industrial equipment and technology. For example, people buying a new gas heater today are unlikely to accept that gas will no longer be allowed tomorrow. One wants to use this method of heating for at least 20 years. Thereafter a new heating system is certainly due, which might then be a totally different type of technology – this way seems acceptable.

PRINCIPLE NUMBER 4: Be clear regarding the goal itself, but make things compatible and realistic with specific time limits: It is better to achieve the goal after 50 years than never.

Problem Solving must be general

ANY RESOLUTION AT THE HIGHEST LEVEL seems to me to be quite simple (for example, no waste in rivers, no wars), such as a constitution of a state is quite simple and general (for example the dignity of all men is inviolable). The problem in each case would be the specific design. But what is missing in the world (that is our highest organisational unit) is a kind of global constitution for resolutions at world level.

> **PRINCIPLE NUMBER 5:** Problems must be resolved in general. Based on this there will be no great discussions about »special exceptional rules« or do things by halves. The truth is always quite simple.

Separation of preparation and decision

THE HEADS OF GOVERNMENT IN THE WORLD all have their own specific, nationally-oriented issues and the greater goal is lost sight of. The solution should be to create internationally-engaged recognized expert groups (consultants, scientists, leaders of appropriate organizations …) who identify the right areas and define it in terms of targets and individual solutions.

> **PRINCIPLE NUMBER 6:** Carefully designed, logical re-solutions without compromise and without special exceptional solutions are to be formulated by expert groups

We have to define the principles beforehand. These are relatively simple: »Expert groups: please formulate well thought-out and sustainable concepts, about which our descendants will be able to say, ›After hundreds of years of selfish generations and countries, a change took place, and from then on a new era began: the one of sustainability.‹«

PRINCIPLE NUMBER 7: Before the work begins, general principles must be provided to the expert teams which must be so simple and uniform that no dispute could arise.

CONTENTS: a) No special rules – individual states are never explicitly named; b) No half solutions, if something is bad, then it must be completely rejected; c) No political solutions - only consistently developed solutions may be devised; d) Sanction mechanisms shall be drawn up; e) Milestones shall be defined en route to the overall objective.

Sanctioning mechanisms

IT IS NOT ENOUGH TO MERELY set the expert groups more or less on track and it is not enough to make the rules binding through a state or the UN. There must also be control of target attainment and compliance. Sanctions should not be made arbitrarily or retrospectively, and should be capable of being withstood by individual states. International funds should now be created to which all (according to GDP/inhabitants) must contribute. The milestones described in the next chapter can serve as success points. Tranches of the fund must then be saved for ten years for example, and then paid back to those who have achieved specific defined objectives relating to these milestones. The ideal scenario would be if everyone got their money back, as everything had been implemented exactly as planned. Until the final implementation date (for example in 50 years), money will be collected for 50 years and then repaid ten years later. If concrete goals are not achieved, the money will be paid to those who are already accomplishing higher achievements of the goals, all this without political games and excuses.

> **PRINCIPLE NUMBER 8:** Logically thought-out and functioning sanction mechanisms are to be established, which no longer depend on personal conversations, but on independently ascertainable goals.

Milestones

THE EXPERT GROUPS SHOULD DEFINE MILESTONES on the way to the overall target. This makes the process of implementation operational and controllable as well as making sanctions possible.

> **PRINCIPLE NUMBER 9:** The expert group develops factually logical, achievable and measurable goals for the final achievement of the objectives and their respective milestones.

Selection of the participating states

WE ALL KNOW THAT WE CAN ONLY TAKE CARE of superordinate matters and strategic or joyful things when we are well-fed and have a roof over our heads. The community of nations necessarily has to be divided into groups. All states that consider themselves stable, those who can feed their population, all who can raise their heads high enough to think about the future, should participate. One of their tasks will then be to support the states which have not yet participated, to help to pacify and develop them. This is one of the important measures that must be taken by the world's elite. So, at first not all states will be able to participate in the same way. There will also be states that want to subjugate their populations and do not care about the rest of the world, since dictators do not want to give up their power structures, their corruption or financial interests. The community of states must assume more responsibility for these states too. At the end of the process the solution to the problem can only be achieved with the participation of all.

PRINCIPLE NUMBER 10: At the beginning, the states that do not want to or cannot participate are to be separated. Complete harmonization from the outset appears to be impossible. The states which do not participate must be distinguished as being in need of assistance or dictatorial, and different strategies and sanctioning mechanisms must be worked out accordingly.

Building the concepts

THE CONCEPTS TO BE DEVELOPED must be designed in such a way that immense work is invested in preparation, logic and planning, which then ensures that there will be no disputes later. Concepts must be: a) well prepared, b) logical and intelligent, c) cannot cause any dispute at the end, d) be acceptable for all parties from the start, e) additionally be transparent and comprehensible in terms of all the consequences entailed, f) the parties should be on equal footing and if necessary a solution could be found »with the flip of a coin«, which should not lead to disadvantages for the individual, g) the concepts should definitely bring about a solution without further disputes, h) risks should be anticipated and reconciled beforehand, and i) non-action must be subject to sharp and known sanctions, whereby the concerned party must no longer have to agree or do anything. This must all be made clear beforehand.

> **PRINCIPLE NUMBER 11:** The following concepts are drawn up according to the above-mentioned rules. If all points are fulfilled, then only the rule must be voted on or introduced. Preparation and planning are therefore to be observed very closely, as they would be in any normal project management.

THE ABOVE-MENTIONED GENERAL hints are helpful for solving the particular problems already mentioned above by way of example. Now however, it is also a requirement of these statements that we compile and work out a concrete list of the earth's essential problems.

This list could be extended easily. Here I have only named those which I have noticed myself or which move me personally. There are certainly other problems, and whether they are to be classified as global or not is to be decided by others. I am concerned only about the significance of those on the »world« level. I would like to respond to potential criticism of the selection of the areas of concern now: the list may be extended or shortened but let's start now. For now, the following 15 points are based on my collected information or new ideas.

Our rivers

IN THE PAST, WE USED RIVERS to transport ourselves or goods, as well as for drinking water. Rivers have always been very important to humans, for example as natural borders, for colonization and later for the mapping of boundaries. Movement on rivers used to work without pollution. It was done by means of human or wind power. For many decades, indeed for centuries, we have been using rivers to dispose of our waste products, especially if they are in liquid form. This has led to a situation where humans can still use the river for transport, but can no longer drink from them. Only by using complicated filter systems the water quality can be treated so as to be made potable. If we think of the above-mentioned principles that would not permit us to produce waste products and carry it away from our own immediate spheres of influence, it becomes clear that a sustainable solution cannot involve the disposal of waste in rivers. This applies invariably and comprehensively to all rivers and streams of the world.

SOLUTION: only fresh water to the rivers

AIM: All the world's rivers may only be connected to pipes where pure water will flow into them. Rivers as simple disposal channels are no longer permitted.

TIME FRAME: 20 years for implementation.

DECISION: Today and at world level.

POSSIBLE MILESTONES: All pipelines into rivers through which effluent water flows must be closed after ten years. Tests are to be carried out after ten years at the mouths of large rivers or at the confluences of rivers. If the desired quality of drinking water is not attained, the previously defined sanctions are to be imposed on the state. Measurements conducted at the mouths of rivers and at borders are sufficient in 90% of cases, since all rivers should be clean.

Rules regarding waste

SINCE WE ARE MASTERS OF OUR HOUSES, we must ensure order. As regards the waste that we produce, we have household bins, in which the problem of disposal from our own yards is taken care of by the rubbish removal trucks. Ultimately, we hope that the rubbish is being recycled, but if it is burned or shipped to a different area or country, to be deposited there, then it would work out the same.

From the point of view of the leader of the world, there are no neighbors or distant planets on which we can dispose of our waste. Although combustion partially removes the energy from rubbish, it leaves behind the waste in the form of ash or in the air. So, if we are thinking about waste disposal on a sustainable basis, this is only possible without air pollution and without contaminating ash. The theory of external effects gives us a solution that has already been applied with other concepts (the dual system, for example). If we consume/cause something, we must ensure that all negative effects are then remedied.

The theory of property rights offers some solutions here. The binding introduction of rights or obligations makes the legal area clearer and allows the negotiation of solutions. In the example of home waste disposal, one could establish an obligation of residue-free waste disposal with the producer of the goods or by the consumer of the goods. For pragmatic reasons, the introduction of rules to be followed by the producers of goods is likely to be easier than controlling all possible consumers and their behavior.

So, all packaging and all defective products must be taken back by the seller. For this to work, there must be some form of receptacle which can be used, as is done in the case of cans and bottles in Germany which are now rarely to be found discarded in natural surroundings. Dumping must hurt the customer, for example by making him have to do without a dumping receptacle and to have to cover the cost of disposal himself. The cost of disposal is to be determined by the seller from an economic point of view.

SOLUTION: Waste must be avoided by 100 %

AIM: Producers of products are obligated to take back all product waste free of charge and subsequently to recycle it. This has to be ensured for the entire volume of production for decades, even during production phase. Garbage may not be burned, deposited or dumped. If a return is omitted due to the low importance of the product, a deposit system can be introduced. Places for return and deposit must be noted on the product. In the future, waste disposal will be financed through industry.

TIME FRAME: 20 years for implementation.

DECISION: Today and at world level.

POSSIBLE MILESTONES: All products must be organized and labelled for their respective deposit areas, residual waste and return, within ten years. After another ten years, all landfills and waste burning are to cease operation.

THE ENERGY ECONOMY OF MOST COUNTRIES is based on the use of naturally occurring resources. Iceland with its geothermal energy or France with its nuclear energy are exceptions in electricity generation. In power generation in Germany (roughly 600 TWh), only around one fifth of primary energy is used. The total energy consumption is around 3600 TWh. This is not a question of exact numbers, but of controlling relevant magnitudes. Germany now has a limitation on regenerative electricity generation (about 200 TWh), as the costs are high and more than a third have already been achieved, which is far more than comparable countries have. Nevertheless, we are only talking about a fifteenth of overall energy consumption. A drop in the ocean, but still significant. Power from wind, and especially the sun, is too little to produce the total of 3600 TWh. Moreover, cars, factories and heaters are not 100% electricity-based in their energy consumption. On the contrary, electricity plays no role here.

The world population is growing exponentially, the former emerging countries are swinging towards being successful industrialized countries. People all over the world want to travel and move around as well as heating. A reduction in energy consumption is almost impossible. The natural resources are limited, over millennia they have been embedded and transformed and now we pump and excavate everything in seconds in earth time. That would not be a problem if it had no negative consequences. Then one would simply continue until all the supplies were exhausted and try to find something new. However, the use has consequences which have only been known for several decades and are still being disputed by some people. The combustion of fossil fuels releases CO_2 and leads to a warming of the atmosphere. The consequences are immense for the climate, humans and animals. A precise scenario does not exist of course, but the first visible consequences are natural catastrophes such as the melting of ice summits and glaciers.

Should a world government not stop it? Since there is none, this problem is only addressed rudimentarily. One reassures oneself with energy saving, knowing that this may only achieve marginal delaying effects. We pacify ourselves with regard to the inactivity of others or our own efforts. Many of us have already become quiet. But the problem is far from solved, and it is a global one that concerns all of us. Climate change is not regional or national. We have to do something. The world leaders must do something – that is important and urgent.

What should the solution look like? It can only be a solution that is available worldwide, which can provide huge amounts of renewable energy. Without making long-term analyses, the following is clear: of the already known solutions, it can only be the sun which sends vast quantities of energy to our earth every day. We cannot possibly produce 3600 TWh with hundreds of thousands of windmills. We cannot use half the world to grow biomass. Tides and algae and water storage will not cover the world's energy needs. The Club of Rome already recognized this years ago. Many large conglomerates got on board with the idea to a small degree and have taken note of it, but at the same time have not really encouraged it. The share prices of RWE and E.ON, for example, clearly reflect despondency and inactivity. From my point of view, there is no other choice than to convert all possible energy users to electricity (electricity can be produced most easily from the sun and then transported) and to use the deserts of the world in Asia, Africa and America to provide the potential natural electricity which could be generated day and night all over the world. There are clearly questions like »How do we get electricity to Europe? What about my shares in oil companies? How can I continue driving my vintage car? What happens when it is dark at night? How can airplanes be powered up in the air with electricity?« But these problems are not as bad as those caused by climate change. We will only solve this if we have one direction. And the direction must come from the world leadership that must retreat from urgent pressing problems for some time in order to define the more important things.

It should be clear to everyone that such measures will not be possible today or even in ten years' time. But once the necessary decision of »no fossil fuels« is made, everything will start to move forward. And this decision will come to us anyway as an urgent problem at some point, when all the reserves are already burned up. So why not now? It has to be done. This chapter is perhaps the most important one next to »Creating World Government« and »Reducing Population Growth«. Nevertheless, it is short. Why should I write more? We will discuss whether or not direct current lines across the Mediterranean Sea can really work or whether one could really find political security in the desert states. We must. We must find detailed solutions, no matter how, if the goal is unshakeable and compulsory. We are not impeded because it cannot happen, but because we do not have world leaders who need or want to take care of the most important matters.

SOLUTION ENERGY: usage of solar energy

AIM: Fossil fuels to no longer be used. All energy consumers must be switched to electricity. The deserts are to be opened up with transport lines to consumer nodes. Solar power plants are to be of such a magnitude that all the energy consumption of the earth could be covered day and night. Storage systems (such as liquefied salts) are to be designed for night use.

TIME FRAME: 30 years to implementation.

DECISION: Today and at world level.

POSSIBLE MILESTONES: Within 20 years, 50% of heaters, cars and industrial applications would be converted to electricity and 50% of electricity will be generated from the desert. Either further breakthrough inventions will have been made before this point, or after 30 years 100% of the desert would be used and no consumer is allowed to use any more fossil-based energy.

AS ALREADY DESCRIBED, important world matters are to be solved at world level. The US or NATO have more or less taken this role when it comes to the defence of states. They always have some reason for taking action if conflicts break out. However, there is a vacuum with regard to one-world power, which the existing great powers only fill partially. But there is nothing official, nothing that works regularly and clearly. There is no delimitation of the world-level tasks and no real organization which could solve the important issues of the world. The UN could do it, but it is boycotted, kept small, or left dried out by missing membership contributions. Moreover, their job is more »human-oriented« than »world-oriented«. Creating a functioning world power – whether from the UN or something new – can only work through the commitment of the great states, i.e. the G7 countries. To this end, the heads of countries would have to coalesce until a result is achieved. Which issues should be addressed at world level? My suggestions can be read in my chapters. Who is to lead this institution? Will there be a kind of supervisory board consisting of the most important heads of states? Are the rules laid down in principle to be legally binding? How must our constitutions be adapted? Do we allow majority resolutions in this supervisory board? Votes according to the population, GDP, UN-contributions for example? How will the individual states be broken down according to their competencies in their particular areas of the world, and will they accept a higher level of authority?

It is of course extremely difficult to convince a confederation of states and ultimately, each individual that a minister of the environment is now working at world level and is no longer national, or that an attacking army is now controlled at world level and is no longer national. There must be intelligent solutions, such as the unification and merging of all armies, and yet, in an emergency every head of government could still use her/his part »faster« or in an unauthorized manner. When the ruler acts against binding laws, the penalties for that must also be determined. And these must be established in advance and made clear- not simply at the time of the dispute. From my experience as a manager of several companies, I would describe the task clearly to the consultant and a generally positive or surprising concept could then be worked out along with their think tank. The consultant then receives a regular contract for this organizational project contract. Only this time it is not about a company but the future of the world ...

So the point here is not the »how«, this can be worked out. Here too, a time delay has to be integrated into the plan. Perhaps it would be advisable to have several consultants compete with each other as is usual with other tenders? The important thing here is that the world ruler correctly identifies the matter at hand, does not pursue any hidden or selfish intentions, and commissions this new world power together. Even though I may risk being too dictatorial here, long-term exclusion of states must not be allowed. How could 90% of the states be sworn to reduce population growth if a state does not care about it and joyfully continues to grow? How can one exclude an ignorant state from concern for climate change over the long term? Therefore, sanction mechanisms must also be integrated here. Of course, these should not be of a military nature. But perhaps these countries can be isolated, 100% rejection of entry, 100% boycott of products or by not selling products to them. Train, road, and flight connections would be closed. Freeloaders, egoists and the ignorant should also be treated in the same way.

The most important state leaders must agree. The ideas and the initiative form the beginning of each project. We already have enough ideas; the weakness is the consistent concentration of the leaders on the important things. They are fundamentally far less selfish and narrow-sighted than they were 100 or 200 years ago. I hope that the far-sightedness of state leaders is already sufficient to achieve success here.

One last thing: the organization that directs the world must offer sufficient income opportunities for the leaders. Not only to compensate adequately for the job of leading the world, but also to make such a job attractive to the best and to prevent the idea of self-enrichment. You have to earn enough there, and the future must be well secured after retirement, so that no one has to enrich themselves through burglary in their functions.

SOLUTION: World Government should be established
AIM: The initiative of some great leaders must be the initial impetus; consultants are then tasked to generate an optimal solution for a world organization. This new organization then develops the re-solutions for the individual issues to be solved at world level, and monitors them through project control over the coming years, and uses sanctions when forced to do so.
TIME FRAME: Five years to implementation.
DECISION: Today and at world level.
POSSIBLE MILESTONES: Within one year, the initiative of the 5 or 10 largest heads of state should be coordinated. Project management must be implemented. The consultants are then given a year for the creation of concepts. By means of a majority decision – like the UN – the best are then selected (i.e. no more »if«, but »how«) and this proposal is to be implemented within the next 2 years, and the resolutions are to be worked out consequently.

Freedom of the press

FREEDOM OF THE PRESS IS A GREAT ASSET. Nevertheless, the press is widely used by states to make propaganda for the purpose of state governance. I propose that the most important state broadcasters of all countries agree to press surveillance. False notifications are first to be brought to the attention of the broadcaster and the opportunity to correct the information is given. Otherwise, counter statements will be published over the internet by the press monitoring body. The press would ideally be decoupled from state ownership. However, many state broadcasters do keep standards high and pay attention to much more than commercials and advertising time. An owner's expropriation would therefore go too far from my point of view, but the truth must be said. The matter of press freedom is not of comparable importance to the other points in these statements in my view. Nevertheless, the power of targeted propaganda is not to be underestimated. Incorrect information leads entire nations on the wrong path.

SOLUTION: Freedom of press
AIM: True information is the world population's right, even if dictatorial state leaders want to filter and manipulate the world of information. There should be press monitoring at world level, which takes them to task and if necessary ensures that correct information reaches the people.
TIME FRAME: Five years to implementation.
DECISION: Today and at world level.
POSSIBLE MILESTONES: Establishment of press monitoring after just one year. Recording of state TV after another year. Establishment of a technical and information-oriented basis for the comparison of true and false after another three years.

Returning land to nature

DURING THE LAST MILLENNIUM, people have made the earth a habitable place, colonized and sowed seeds. The surfaces of the earth become sealed off or suffer from mono-cultures. Old animal species are displaced. We push every-thing back, because we ourselves need space – we purpose-fully wipe out what threatens us, and moreover it happens unconsciously that we kill species and it is considered as insignificant. We criticize Brazil and other countries that are clearing out their virgin forests, but it also happened in a similar way in other parts of the western world.

It would be fair if we were to depopulate parts of our countries and let them return to their nature state. Of course this is particularly difficult and will certainly be most contro-versial. For example, what concerns us directly as Europe-ans is perceived differently by us if it happens in China. I find it appropriate to return 50% of all our lands to nature. The time horizon must be vast here and the formulation of the concept would be complex and the costs high. But is it not our job to think beyond merely ourselves? We have taken the earth for ourselves so consistently that we must consistently give back if we want to grant rights to nature. I consider returning 50% to be reasonable. A simple number, still far too much for one species (man), but compared to today a clear improvement in favor of nature. My demand is therefore that we can, in 50 years for example, depopulate 50% of each individual country's surface and let it become wild, it can no longer be entered, hunted in, or cultivated, but must be left alone. Newly built houses and factories must continue to be profitable for the next 50 years. However, no further renewal is required.

SOLUTION: Return land to nature
AIM: So far people have selfishly taken all the land for themselves. Now, in a sustainable natural world, 50% must be returned in each country
TIME FRAME: 50 years to implementation.
DECISION: Today and at world level.
POSSIBLE MILESTONES: The area to be returned is to be defined within five years. After 40 years, 50% of the space should be empty.

Reduce Population Growth

WE ONLY HAVE ONE WORLD. We cannot travel beyond it. If we continue to grow as we are currently doing, we will not survive further millions of years. We are around 7,5 billion people. Continuing this growth in the same direction will sooner or later lead to the fact that the entire surface of the earth will be populated by humans. If we also consider the increase in life expectancy, which will rise enormously due to the constantly improving medical technology and improved nutrition, as well as the reduction of wars in the world, then a serious scenario will certainly arise. Even if every human child is worthy of protection, a world leader must look at what is acceptable to the earth itself. Of course, the Pope can continue to prohibit contraception or human rights organizations may see the rights to have as much children as wanted as inviolable. But both approaches will lead to problems. The current leader in population growth is probably India. In 2050 there could be as many as 1,5 billion Indians. This is about 60% of the people who lived in the entire world in 1945. A responsible world leader must be able to seriously address population growth. Perhaps the states should set the maximum number themselves in a range around 20% growth starting today? Or would it be conceivable to give all countries a fixed total of 10% growth as of today? The description of the situation took much more lines in my text than the part on possible solutions. This can only be a »stop!«, a stop within a certain range. No more must be allowed. Stop. If not, we ruin ourselves and the whole planet.

What measures will help us here? Education is my first priority. States with high levels of education have declining birth rates. China sets clear targets for the number of children per couple. If children continue to be seen as a guarantee for old age in some countries, then the blessing for further children will be pre-programmed. Free contraception: Yes! In Germany, there are tax advantages for children. I know of some conversations that some families living within the social network in Germany are improving their livelihoods by having many children. In this case, the funding must now be reversed. For example, those with more than two children for example, should be taxed considerably and favored less for social welfare in all countries. This is a very delicate issue because the defined financial minimum for a normal life cannot be undercut easily. Perhaps you can find an »average financial provision«. High rewards for one child, average for the second child, below average for the third child, so that with three everything works out on average.

The next step is to work out a settlement policy. No new building areas or any further settlement of uninhabited areas may be permitted. For some countries, excessive population growth is already a problem. Hunger, unemployment, feuds, and crime are the consequences. This is probably the biggest problem: how to get a grip on states without a functioning government. This task has to be taken care of no matter what. It cannot go on like this.

SOLUTION: Population Growth must be reduced.
AIM: A world dominated by people must save itself and set a maximum population number for each state. Tax policies, schooling, social assistance policies, contraception, children per family, pension schemes, and finishing of additional settlements are possible measures.
TIME FRAME: 30 years to implementation.
DECISION: Today and at world level.

Extinction of Species

MANY YEARS AGO, SADNESS SEIZED me with the news on TV that the last Chinese freshwater dolphin was sighted a few years ago and can now be considered extinct. This animal species has been living in Yangtze for millions of years and within a few years man has managed to destroy its habitat. Species have indeed always become extinct and new ones appeared. But just as oil or coal reserves slowly build up and we consume them in earth seconds, flora and fauna have developed over billions of years and a species, which from its personal point of view is especially intelligent, man, has extensively and massively eliminated everything that is disturbing and dangerous in only a few centuries.

The reasons for this are manifold and go hand in hand with the growth of population, and only due to our growth we came so close to plants and animals that we have already exterminated many of them. Not all people who are guilty in the sense of species reduction are aware of their guilt, or only marginally so. No one is alone in this regard it is the overall mass of humanity that is responsible.

The individual cannot see it (and sometimes also does not want to) and the population thereby further grows. So, palm oil, soy beans and wheat must be further purchased from mono cultures for their consumption. The national economy speaks of balancing supply and demand. Everyone wants to eat, be warm and live: so, we take everything that we need from the earth, not looking into the future and not learning from the past. But if we do recognize future and past, we as human beings have a special habit: we are able to push it to the back of our minds …

We can only regret the past and thousands of extinct and threatened species, but we can still influence what lies in the future.

There are only two effective ways to prevent species from dying: to reverse our population growth and to return habitats to other species. This is supported by the inclusion of the interests of animals and plants in the policy of the previously described institution in each country with veto rights in the legislation. All these points have already been mentioned and discussed in the context of these considerations. I do not believe that zoos and seed banks for plants are able to counteract this extent of species dying, especially since most species cannot be kept or shown in enclosures. Insects and fungi and lichens are as important to the world as the more visible animals, which can be better and more plausibly advertised for animal protection, e.g. elephants and lions.

We have to return their habitat to these species, depopulate and renounce the land. There is no other alternative.

> **SOLUTION:** Reducing the population, taking care of the interests of plants and animals at a governmental level, and returning land to plants and animals.
> **AIM:** The co-inhabitants of the world must be protected by the people.
> **TIME FRAME:** Immediately and for up to 50 years.
> **DECISION:** Worldwide.
> **POSSIBLE MILESTONES:** see the other three points.

Preservation of the oceans

70% OF THE WORLD IS COVERED WITH OCEANS. People continue to fish for what they can, even bans are bypassed by »scientific analysis«, and Japan continues to hunt whales. In Costa Rica, sharks are eradicated off the coast because of the sexual potency-increasing fins. Surely there are already scientifically founded concepts and agreements, regarding what can be caught and to what extent. The implementation must be strictly observed and sanctioned by the world as a whole. It must hurt if it causes hurt. If a state does not adhere to the rules, the entire economy must be isolated. We must be allowed to catch fish, yes! But only in such a way that there are still fish in the future. There can be no compromises.

In addition to the overfishing of the oceans, pollution is a major threat. Again, there are many analyses and organizations including Greenpeace that must be thanked as they draw global attention to specific problem areas, e.g. to the dumping of waste. Here too, immense penalties must be imposed on the contracting authorities responsible for the dumping, the shipping companies who do the dumping and the states where these businesses thrive.

SOLUTION: Preservation of the seas
AIM: Existing regulations with disproportionately painful penalties are to be imposed on all parties who are directly and indirectly involved.
TIME FRAME: Five years to implementation.
DECISION: Today and at world level.
POSSIBLE MILESTONES: A comprehensive network of surveillance must be introduced within five years. The costs are covered by immense penalties that are to be imposed.

Definition of a world language

THE DEMAND FOR A UNIFORM LANGUAGE is more than obvious for the effective implementation of global goals. This would be a language that would make the whole world as one, which all understand and which would allow everything to be communicated. It could be a language that is already used. It should be a simple language, and it should be used by many states already. There are many world languages, but it must also be easy. It is obvious to think of English in this context, because it has gained worldwide recognition in addition to regional languages. Within 30 years, everyone should get the chance to learn English. It does not have to be at the level of Shakespeare. At the same time, the regional or national language should be maintained and spoken. This is culture and home and the joy of speaking our native language. A world language is simply a practical measure.

> **SOLUTION:** Establish English as a world language
> **AIM:** In 30 years, all people under 30 should be able to speak English
> **TIME FRAME:** 30 years
> **DECISION:** Today and worldwide
> **POSSIBLE MILESTONES:** Selection of the world language English, English as a foreign language subject in ten years in all schools around the world.

Setting up a global information channel

IF WE WANT TO INCLUDE GLOBAL ISSUES, we also need global communication.

We need to provide information in all the languages of the world on TV, the Internet and social networks, the radio, etc., so that the problems and solutions are understood and propagated. Intentions, objectives, desired effects, and the consequences of inactivity must be communicated. Regional counter statements may have to be made if the state press delivers false reports. If messages are one-sided, people must be offered a balance. In their language, in their media which they use and understand.

> **SOLUTION:** Worldwide info channels applicable to individual regions (language and content).
> **AIM:** To reach all people, including those in totalitarian states
> **TIME FRAME:** Ten years
> **DECISION:** Worldwide
> **POSSIBLE MILESTONES:** Decision within five years, establishment of all channels (radio, TV, internet) after ten years

Formation of States

THE DECISION WHICH COUNTRY should/can/may be constituted, should be left to the country itself (Basque country, Ireland …). A commission should be set up to assess the history of whether a country was a country at some time in the past. The commission must be independent of the current »motherland«. It should cost money so that everything is not too easy. There should also be the requirement of a 70% majority in a vote for the creation of a state in three different polls, each of them five years apart. The size of a state should include at least one million people. Countries that are occupied (for example the Turkish half of Cyprus) are to be demilitarized and allowed to stay to themselves for five years. Then the region itself is to decide in an election, to which state it wants to belong, or whether forming its own state would be a solution. A world authority should be set up and all regions of the world scoured for problematic regions. It is not enough to question the current states, for example, Spain reports »Everything is okay«, while the existing problems in Morocco or in the Basque country are not being addressed. After a vote in the region the countries must be redesigned or not, as the case may be. The authority may be subsequently dismantled. Countries cannot be redesigned and organized every two years. This is inefficient. But after a time window of 30 years, such a procedure may be repeated and perhaps borders will break up or new identities will be formed.

SOLUTION: Countries with more than one million inhabitants should be able to hold a democratic election.
AIM: Free voting of the population in a region on which country they want to belong to.
TIME FRAME: Ten years after the establishment of a corresponding world authority.
DECISION: Today and at world level
POSSIBLE MILESTONES: All »potential« countries must be contacted in five years and the process completed within ten years.

IT IS NOT PERMISSIBLE for generations of politicians to leave debts within their borders (during their election period) which must be repaid by subsequent politicians or generations. An exception is investment which is proven to offer more return on capital than the invested capital. Gifts such as children's, parents' or pensioners' allowances cannot be financed with debt. Existing over-indebtedness must be dismantled without leading the state to the limits of endurance. The acceptance of the debt instrument has led to all states currently being in the red. The function of an overdraft facility on our private giro account should not be to always go over the limit, but only in exceptional cases to have funds available for investments. Many people (and all countries) use the possibility of debt in order to live beyond one's means. This should not be allowed for countries. To take a loan should not be possible; only a self-financing basis (through taxes) should be allowed. The old debt has to be reduced continuously over 50 years at 2% per year.

SOLUTION: No new borrowing, long-term reduction of old debt

AIM: Termination of the »new debt« instrument at state level.

TIME FRAME: Immediate termination of assumption of new debts, all old debts to be eliminated within 50 years.

DECISION: Today and at world level.

POSSIBLE MILESTONES: Debt bans are to be implemented worldwide in ten years, debt is to be reduced by 50% within 25 years.

Electoral hygiene

A LOT OF ENERGY ON THE WAY to improving the global situation at different levels because elected politicians do not implement what they have announced to voters. This is ridiculed and criticized but considered normal in all countries. I think that one has to attach great importance to this phenomenon because so much momentum is lost that would be useful to really improve the world. Implementing these many promises would mean the end of stagnation and would force politicians into an electoral »hygiene«. Specifically, politicians would have to formulate their program in writing on two pages. One year after the election and three months before the next, a neutral commission will assess the performance and clearly show whether the promises are being upheld using a traffic light system. This function must be carried out neutrally by a world organization in order to prevent manipulation. The voters and, in particular, the counter parties can use this traffic light evaluation. It would affect the enunciation of promises in general and the intensity of the effort applied after the takeover of the new government.

SOLUTION: Traffic light system implemented to assess compliance with electoral promises.

AIM: Establishment of a world organization to monitor electoral promises

TIME FRAME: 7–10 years after the introduction of the world organization

DECISION: World level

POSSIBLE MILESTONES: Establishment of the organization in two years, first report on the level of compliance with the promises within five years.

Solutions for the problems of nuclear energy and atomic bombs

THE IDEA OF NUCLEAR POWER was intended for military purposes right from the beginning. The use as an energy source followed and was promising. In fact, the contribution to CO_2 reduction is immense, but the technology is not 100% controllable, and in the event of an accident the impact is too serious. From a planetary perspective, however, I believe that with a conversion of the energy supply to 100% nuclear energy from the 1990s for example, the world would have done much better with respect to climate change. But this use of nuclear energy has its own residues: so even without accidents, the nuclear waste will last thousands of years. So there must be better and less dangerous solutions. Parallel to the implementation of solar energy, nuclear energy should be reconstructed and together with atomic bombs sealed 1000 meters below the ground in old mines. This technology is too dangerous.

SOLUTION: Completely dismantle nuclear energy production concurrent with the expansion of solar energy.
AIM: No nuclear energy and no more nuclear bombs
TIME FRAME: 30 years
DECISION: World level
Possible milestones: End its use within 30 years and completion of safe closure within 50 years

3 | OPTIONS FOR EVERYONE – WHO CAN DO WHAT?

THE IMPORTANT THING ABOUT THIS ARTICLE is not the list of ideas. None of this is unknown or new material. But perhaps the arguments presented here could lead to a domino effect. Perhaps (and that would be the author's goal) something will finally happen. Perhaps these ideas will be liked by someone who trains young people and they start talking about it. Perhaps someone who works for a newspaper hears and writes about it. Perhaps someone has a connection to somebody who is politically active, someone who speaks about really important issues at party conferences, not just about the personal carousel, coalitions and political trifles such as tolls for motor vehicles or the like.

Let us begin the discussion of the important issues; it is only then that our generation can begin to relax. We take too little care of the earth, we destroy, we colonize, and we pollute without consideration for future generations, all without a guilty conscience. The situation is different than that 80 years ago, for example, when Germany pointed its fingers towards its neighbors. And when the dictator was in power, one had to be afraid for one's own life when one said something against the regime. Now you can say something and you can do something. But it is not enough to save energy or have only one child yourself. We must go to the world leaders and appeal to their consciences. Who can manage to attract Angela Merkel's attention? She is strong and successful, and I firmly believe that she has a good heart. I also believe this about the former president of the USA, Barack Obama. This is a good man. One can complain about everyone who does something. But these are no despots, crazy or unintelligent people. I am currently writing these lines from Ufa in the Urals. The people I speak with here are enthusiastic about Putin. I can imagine well that Putin would also join in, even if the wealth of his country depends very much on resource deliveries. A song by Sting says: »Believe me when I say to you – I hope the Russians love their children too«. It is not about complaining to these people about the extinction of species and world energy problems. Experts know these things better than anyone else does. It is about moving them to do something. To call each other, to arrange an appointment for the important things in the world, to bring in money, to be able to engage consultants, and then to explain the concepts developed in a year.

Yes, we need to find people at the highest level, sponsors, world leaders. And it must be the leaders of the USA, of Russia and of China because they are the most important and the largest countries in the world. But there must also be some leaders from Africa, Europe, Latin America, the Far East, Australia, the Caribbean and the Arab countries. Not necessarily the leaders of the EU, because it has not received sufficient power from the member states. I believe that on a second date, further states should be invited in order to roll out the idea. So, the nucleus would consist of three or four leaders which in turn could perform persuasive efforts for others and thereby achieve a snowball effect. There are certainly states that will refuse to participate which is foreseeable. But you have to try. The people must reach out to the dictators over the information channels which must also be installed (as covered above) and they must be informed regarding the facts which are unquestionable. Perhaps we will find a main sponsor who the world could trust? A project manager in the style of Al Gore? A person who is credibly acceptable to represent pure world interests. This task is to be solved by world leaders. Perhaps a global corporation will use its ways and means to change the world?

Let us choose, create new groups, write and discuss, inform the students around the world, use the internet and Google, request the Pope to ask all the singers in the world to write a song about these problems instead of another ten songs about love, stimulate the billionaires to start something incredibly important with the power of money. Scientists ask whether they can concentrate on the world once again in addition to the detailed research on the aorta or the correct legal contract design. Sit down and focus your mind on the world. Talk to neighbors who may be older and do not understand things as they are intended and who may feel uncomfortable. Artists and writers could deal with the subject and teachers could talk with their pupils and teach them these ideas if they have not thought of them themselves. Everyone can do something. I wrote and told my students from all countries about it. Unfortunately, I do not know Angela Merkel. Maybe you do? Then talk to her or acquaintances of acquaintances of hers. The world can only be saved with actions. Let us do something, whatever we each can do. We are talking about no more and no less than the future of our only world. Whoever understands this, please begin now. Maybe with only a few percent of your own strength. Perhaps with full force.

The world and the Titanic … this is not a fair comparison because for this world there is no collision with an iceberg, which subsequently sinks the ship. We already have a few difficulties because biodiversity is already fading and the summers already have record temperatures since recording of the weather began 1881. And there will be no real sinking of the world because other forms of life will be created of man and beast, and despite the atom bombs and destroyed rainforest the world will live »somehow«. The comparison thus ends, but nevertheless one can still draw comparisons. On the Titanic, there was a point where no one sensed any danger. The course was already set for collision, but it was not recognizable – no one saw the danger. Then came the stage of realizing the danger. Some experts warned of icebergs – the party went on and the captain did not react. This is analogous to the phase in which the world currently finds itself. The warnings are already so well known that almost every educated man in the world knows all the dangers, even all the captains. Because of the big worldwide party and because we have no suitable organization, however, no captain boldly takes over the helm and takes command. It makes no sense nationally either. The solar collectors and windmills are indeed beautiful but in no way suitable for solving even one of the above-mentioned problems. The next phase on the Titanic is the phase where fear begins as well as clear-sightedness, the end suddenly comes into view as well as the realization that sinking will be inevitable. This phase will look different for the world because we will have no sudden death. There will only be sad changes that are not perceived as being particularly dramatic, because people will only be about 80 years old and will therefore have no comparison to the more beautiful times. Just as we know Lüneburg in Germany today as a heathland and are satisfied with it, not missing the previous forests that fell victim to shipbuilding in Hamburg. But the changes will force us to question our lives. Small effects like the flooding of New York, Bangladesh and Venice are just as bad as wars over water and food. Great disasters are not at all predictable in my opinion, but they will come, such as the breakdown of ocean currents or the extinction of individual species which are indispensable to humans and nature. Then comes the unavoidable collision phase, the impact which effects all of us. Water and food shortages, murder, death, panic and the incomprehension of the past. Why did people not change course 200 years ago; or 100 years ago? If one considers the time of National Socialism in Germany nowadays, then many of the same questions arise. And with regard to previous generations, the future questions will be: why has it not been possible to create a world organization that deals with the most important world issues? It is uncomfortable to guess how these phases might look, if something positive is not done soon. I would ask the great captains, whoever they might be, to consider the appointment of independent consultants who believe in this subject. Perhaps this could also be done by a super-rich individual?

SUMMARY

For centuries, the world has been under the full force of human influence in all its aspects and in all regions. Too high a population density, pollution, extinction of species and climate change are just some of the factors that have a negative impact on the world. At this point, these considerations or a thousand other potential initiatives could be an impulse for the governments of the world to reorganize themselves. Starting from the top, the world's top leaders would have to focus on the important issues and – based on democracy – change the organization of the world. Issues such as energy policy, military policy, population growth, information policy, sanctions policy, depopulation policy and cleanliness must all be raised to a democratic world level. At the same time, animal and plant institutions should be established in individual nations which can impinge on politics with veto rights if the above-mentioned global policy areas are not fulfilled. It is quite clear today that the course of the giant tanker of the world must be changed over the next 50 years and put on a new course in order to finally reap the benefits of success.

If **YOU** see this topic the same way I do, try to arrange a meeting with the most important politicians you know – alone or together with me – and let's start ...

DR. WERNER WETEKAMP war 27 Jahre in einem großen Energieversorgungsunternehmen in Deutschland tätig – vom Zählerableser bis zum Finanzvorstand. Davon arbeitete er 11 Jahre im Ausland.
Seit 2011 ist er berufen als Professor für BWL an der FH Dortmund.

DR. WERNER WETEKAMP worked 27 in a huge energy supplying company in Germany – starting as electricity-meter reader finishing as CFO. 11 years thereof he stayed abroad. Since 2011 he is appointed to a professorship of Business Administration in FH Dortmund.